Inhaltsverzeichnis

Vorbemerkungen

Liebe Kolleginnen und Kollegen,

das Mittelalter nimmt immer noch einen wichtigen Stellenwert im Geschichtsunterricht ein. Meist ist es Thema in der Schule, wenn sich die Schülerinnen und Schüler noch problemlos für das Fach Geschichte interessieren. Allerdings steht nach wie vor die Ereignis- bzw. Herrschaftsgeschichte im Mittelpunkt der pädagogischen Überlegungen. Erst langsam werden andere „Zugänge“ wahrgenommen. Und hierzu gehören die Mentalitätsgeschichte, die Umweltgeschichte ebenso wie die Alltagsgeschichte oder die Methoden der oral history oder des historischen Längsschnitts. Gerade die genannten Zugänge erweisen sich in der unterrichtlichen Praxis als besonders angemessen und effektiv, weil sie die Bedürfnisse, die Lebenslage, die Interessen der Schülerinnen und Schüler stärker berücksichtigen.
In der Reihe „Leben und Alltag“ werden zahlreiche Unterrichtsanregungen geboten, die sowohl den „normalen“ Geschichtsunterricht ergänzen als auch für besondere Vorgehensweisen geeignet sind. Hierzu gehören neben der Freiarbeit besonders handlungs- und projektorientierte Verfahrensweisen. Selbstverständlich kann das Thema „Mittelalter“ auch ausschließlich mit diesem Unterrichtsmaterial bestritten werden, dann allerdings unter Berücksichtigung der besonderen Schwerpunktsetzung. Da die Ereignis- und Herrschaftsgeschichte nicht ausgeklammert ist, lässt sich das Ziel eines jeden Geschichtsunterrichts, nämlich Geschichtsbewusstsein zu vermitteln, mit diesen Materialien in besonderer Weise realisieren.
Wie schon gesagt, das Thema Mittelalter ist ein recht dankbares innerhalb des Geschichtsunterrichts. Viele Aspekte wie zum Beispiel die Stellung und die Lebensverhältnisse der Bauern, das Leben der Ritter oder die Verhältnisse in den Städten stellen für die Schülerinnen und Schüler interessante und motivierende Inhalte dar.
Ich habe bei der Auswahl der Themenschwerpunkte bewusst die Beschäftigung mit dem Aspekt „Kinder / Kindheit“ vernachlässigt, da hierzu der Veröffentlichung von Gisa Kirstein „Historischer Längsschnitt: Kinder in ihrer Zeit“, Kempen (Buch Verlag Kempen), 1998, zahlreiche Anregungen zu entnehmen sind.
Die Illustrationen von Daniela Prosch in diesem Heft werden die Kinder zum Ausmalen anregen. Dies sollten Sie fördern und die Schülerinnen und Schüler zu einer kreativen Gestaltung ihres Geschichtsheftes ermuntern.
Eine eindeutige historische Einordnung des Mittelalters ist nicht möglich. Allgemein wird ihr Anfang mit der Völkerwanderung, und zwar mit dem Hunnensturm 375 n. Chr. festgelegt. Als das Ende des Mittelalters werden verschiedene Daten und Ereignisse genannt. Zum Beispiel die Revolutionierung der Buchdruckerkunst um 1450, die Entdeckung Amerikas 1492 oder die Reformation 1525 markieren das Ende dieses Zeitalters. Festlegen kann man sich darauf, dass das Mittelalter um 1500 n. Chr. von der Neuzeit, und zwar der Renaissance, abgelöst wurde. Das Mittelalter wird grob in drei große Zeitabschnitte bzw. Entwicklungsphasen eingeteilt:

- Frühes Mittelalter: von 375 n. Chr. bis zu Karl dem Großen (814 n. Chr.)
- Hochmittelalter: vom Beginn des 9. Jahrhunderts bis zum Ende der Staufer-Dynastie (1268: Hinrichtung des jungen Konradin)
- Spätmittelalter: von der Mitte des 13. Jahrhunderts bis um 1500 n. Chr.

Ich wünsche Ihnen bei der Arbeit mit diesem Heft viel Erfolg!

Hans-Jürgen van der Gieth

Mittelalter – eine historische Zeit

Auf dieser Seite findest du zehn Schlagzeilen. Stammen sie alle aus dem Mittelalter? Die Antwort lautet: Nein! Aber welche sind das, die nicht aus dem Mittelalter stammen? Tipp: Es sind drei Schlagzeilen, die nicht aus dem Mittelalter sind! Umrande sie mit einem bunten Stift!

Schon mehr als 500 Menschen wurden allein in R. in diesem Jahr von der Pest hingerafft!

Karl der Große wurde in Rom zum Kaiser gekrönt!

Neues Lepraspital vor den Toren von A. eröffnet!

Deutschland verliert den Krieg! Am 9. November wird die Republik ausgerufen!

Hoffnung für viele Menschen: Penicillin wurde erfunden!

Adalbert zum Ritter geschlagen!

Wieder wurde im nahegelegenen Wald ein kleiner Junge von einem Wolf getötet!

Die Kirche besteht weiterhin auf ihrem Zehnten!

Bismarck führt die Krankenversicherung in Deutschland ein!

Erfolg in der Landwirtschaft: Die Dreifelderwirtschaft wird eingeführt!

Schreibe in diesen Kasten hinein, was dir zum „Mittelalter“ einfällt!

Kleine Chronik des Mittelalters:

- 375: Hunnen in Osteuropa. Germanische Völkerwanderung.
- 476: Untergang des weströmischen Reiches.
- 481: Chlodwig I. König der Franken: Herrschaft der Merowinger (bis 751).
- 486: Sieg der Franken unter Chlodwig über den reströmischen Bereich.
- 499: Übertritt der Franken zum römischen Christentum.
- 800: Kaiserkrönung Karls (des Großen) in Rom.
- 843: Vertrag von Verdun: Teilung des Karolingerreichs.
- 911: Karolinger in Ostfranken ausgestorben: Deutsches Königreich (bis 1806).
- 919: Heinrich I. deutscher König.
- 936: Otto I. (der Große): Siege und Ausdehnung des Reiches
- 955: Schlacht bei Augsburg: Herrschaft der Deutschen.
- 962: Kaiserkrönung Otto I. in Rom.
- 1075: Investiturstreit: Konflikt Kaiser - Papst.
- 1096: 1. Kreuzzug.
- 1122: Wormser Konkordat: Ende des Investiturstreits.
- 1152: Friedrich I. (Barbarossa) König / Kaiser (bis 1190).
- 1190: Heinrich VI. König / Kaiser: Höhepunkt imperialer Weltmachtpläne
- 1201: Gründung deutscher Hafenstädte an der Ostsee.
- 1210: Franziskanerorden unter Franziskus von Assisi.
- 1347: Große Pest in Europa (bis 1351)
- 1358: Umwandlung der Kaufmanns- in die Städtehanse.
- 1415: Beginn der Entdeckungsreisen europäischer Staaten.
- 1448: Erfindung der Buchdruckerkunst (Gutenberg)
- 1492: Kolumbus „entdeckt“ Amerika.
- 1517: 95 Thesen Luthers gegen Ablasshandel (Beginn der Reformation). **(alle Jahreszahlen: n. Chr.)**

Gesellschaftsaufbau im Mittelalter

Die oberste Schicht der damaligen Gesellschaft bildete der Adel. Dieses Wort lässt sich von „Erbe“ ableiten. Daher kann Adel zunächst auch nicht erworben werden. Vererbt wird vor allem der Grundbesitz. Um ein höheres Amt im Staat, in der Gesellschaft zu bekleiden, musste man adlig sein. Im Laufe der Zeit bildete sich neben dem Erb-Adeltum ein sogenannter Dienstadel. Weil die Aufgaben in der Gesellschaft immer vielfältiger wurden und der Geburtsadel sie nicht mehr alle erfüllen konnte, wurde eine zweite Schicht mit wichtigen Aufgaben betraut. Diese Dienstadligen (oder auch Ministerialien genannt) dienten dem König am Hof, waren im Kriegs- oder Verwaltungsdienst eingesetzt. Ihren Lebensunterhalt erhielten sie von ihrem Herrn. Später bekamen sie auch Dienstgüter. Sie stiegen im Laufe der Zeit immer höher in der Gesellschafts-Pyramide hinauf. Aus den Ministerialien gingen auch die Ritter hervor. Ungefähr ab dem 11. Jahrhundert bildete sich im Abendland eine Art Kriegselite heraus. Sie versuchte sich mit dem Adel gleichzustellen. In der Anfangszeit stand das Rittertum fast allen offen. Und so war es nicht verwunderlich, dass nicht nur reiche Edelleute, sondern auch arme, oftmals abenteuersuchende und mutige Menschen zum Ritter wurden. Am unteren Rand der Gesellschaft standen die Bauern. Sie wurden im Laufe der Zeit zu Abhängigen der so genannten Grundherren, die ihnen das Land zur Verfügung stellten, das die Bauern bearbeiten mussten. Der Hauptteil der Erträge musste an den Grundherrn abgeführt werden. In den Städten, die im Laufe des Mittelalters entstanden, entwickelte sich die Schicht der Handwerker sowie die der Kaufleute. Gerade die Kaufleute nahmen später auf Grund ihres Reichtums eine hohe gesellschaftliche Position ein.

Aufgaben

1. **Beschreibe den Gesellschaftsaufbau des Mittelalters!**
2. **Aus welcher Schicht entwickelte sich das Rittertum? Beschreibe seine Bedeutung!**
3. **Welche Stellung nahmen die Bauern ein?**

Aus dem Leben eines Bauern

Bauer Rudolf erzählt:

„... Wir arbeiten von Sonnenaufgang bis zur Dämmerung. Nur im Winter können wir länger schlafen. Da sind die Tage kurz und im Dunkeln kann man sowieso nicht richtig arbeiten. Wir verkriechen uns dann lieber ins Heu und wärmen uns an den warmen Leibern der Rinder. Denn wer viel schläft, hat auch wenig Hunger. Und Hunger haben wir oft. Meistens essen wir Hirsebrei oder auch Brot. Wir ernten höchstens das Dreifache von dem, was wir gesät haben. Und dabei ist die Ernte sehr mühsam. Da wir nur eine kleine Sichel besitzen, dauert das Abernten des Getreides sehr lang. Am Abend schmerzt uns der Rücken. Aber eine große Sichel können wir uns nicht leisten. Das Eisen dafür ist viel zu teuer. In unseren kleinen Gärten züchten wir Bohnen, Erbsen und Kohl, verschiedene Krautsorten und auch einige Kräuter. Immer genug Futter für das Vieh zu beschaffen, ist auch nicht so einfach. Wir haben nur wenige Weiden. Deshalb füttern wir unsere Rinder manchmal sogar mit Herbstlaub, aber auch mit Rüben, die immer mehr angebaut werden. Und auch uns schmecken sie sehr gut. Während wir Männer auf dem Feld arbeiten, verrichten die Frauen und Mädchen die Hausarbeit. Sie kochen und waschen, spinnen Wolle und flicken die Kleider. Auch melken sie die Kühe und machen aus der Milch Butter und Käse. Sie füllen den Steintopf mit saurem Kraut, schleudern Honig, pökeln das Fleisch und legen die Eier in Kalk ein. So bleiben sie länger haltbar.

Ich bin ein Höriger, aber trotzdem habe ich meine Freiheiten. Wir, das sind meine Frau und neun Kinder, bewohnen ein kleines Haus. Ich habe es damals noch mit meinem Vater gemeinsam gebaut. Wir steckten ein paar senkrechte Pfosten in den Boden und befestigten daran Querhölzer. Die Zwischenräume wurden mit einem Flechtwerk gefüllt, das wir dann mit Lehm verschmierten. Auf das Dach legten wir Grassoden und darüber noch Schilf. Damit der Rauch unserer Feuerstelle im Haus auch abziehen kann, haben wir in der Mitte des Daches eine Öffnung gelassen. Der Fußboden in unserem Haus ist aus Lehm. Damit Licht ins Haus fällt, haben wir ein paar Lücken im Flechtwerk gelassen. Nachts und im Winter schließen wir sie mit ein paar Brettern. Wir schlafen alle rings um die Feuerstelle im gleichen Raum, auch die Tiere. Die Tiere geben viel Wärme ab und so sparen wir Brennholz. ...“

Aufgaben

Bearbeite die Aufgaben bitte auf der Rückseite dieses Blattes!

1. Schreibe in eine Tabelle alle die Arbeiten, die die Männer und die die Frauen verrichteten! Schreibe auch dazu, mit welchen Hilfsmitteln und Werkzeugen diese Arbeiten erledigt wurden.

2. Beschreibe kurz das Haus von Rudolf und male es! Dazu kannst du den Garten malen und auch die Tiere.

3. Erkundige dich bei einem Bauern, welche Arbeiten er heute verrichten muss und welche Hilfsmittel ihm zur Verfügung stehen! Informiere dich auch über seine Arbeitszeiten, wo er seine Produkte verkaufen kann usw. Fertige einen Bericht über deine Erkundungen (möglichst mit Fotos, Zeichnungen usw.) an!

4. Vergleiche in einer Tabelle das Leben der Bauern früher und heute: arbeiten, wohnen, essen ...!

Bauern bei der Arbeit

Aufgaben

1. Beschreibe das Bild möglichst genau!
2. Welche Arbeiten werden verrichtet?
3. Mit welchen Arbeits- und Hilfsmitteln haben die Bauern damals gearbeitet?

Lösungen

Beetpflug

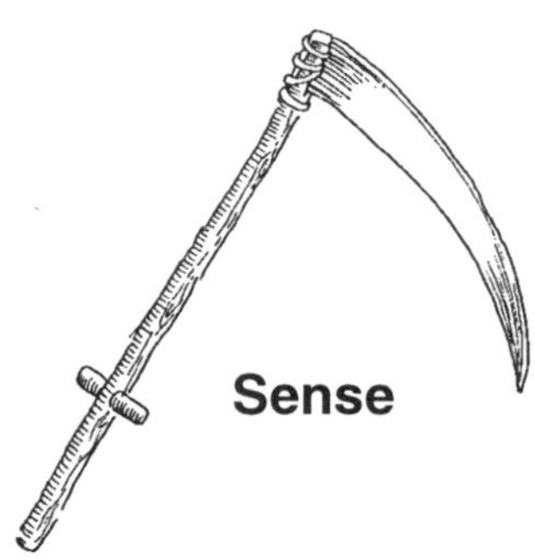

Sense

Die Abhängigkeit der Feudalbauern

Im Mittelalter gerieten die freien Bauern nach und nach in die Abhängigkeit von Feudalherren. Sie wurden zu feudalabhängigen Bauern, zu Feudalbauern. Die Bauern waren nun nicht mehr Eigentümer des Landes, das sie bearbeiteten. Es gehörte nun den Feudalherren. Sie überließen den Bauern das Land und zwangen sie zu Abgaben und Frondiensten.

Die Lage für die Bauern in den Dörfern wurde immer schwieriger. Sie verschuldeten sich gegenüber Nachbarn oder Feudalherren. Dadurch waren sie gezwungen Teile ihres Hofes und ihrer Äcker zu verkaufen. Dies hing auch damit zusammen, dass ihre Bauernwirtschaften immer kleiner wurden. Wenn alle Söhne des Bauern einen Teil des väterlichen Gutes erbten, wurde der einzelne Teil manchmal so klein, dass er keine Familie ernähren konnte. Diese Bauern übertrugen einem Feudalherrn ihr Land als Eigentum. Er gab es ihnen zur Nutzung zurück. Manchmal erhielten sie auch von ihm bisher nicht genutztes oder noch nicht gerodetes Land. Dafür wurden die Bauern gezwungen, dem Feudalherrn Abgaben (landwirtschaftliche Produkte) und Frondienste zu leisten. Das heißt, sie mussten unentgeltlich beim Feudalherrn arbeiten. Wenn nur der älteste Sohn den gesamten Hof erbte, mussten die anderen Söhne Land von einem Großgrundbesitzer erbitten. Dadurch wurden sie von ihm abhängig.

Stichwort: Feudalismus
So bezeichnet man ein politisches, wirtschaftliches und soziales Ordnungssystem eines Staates, in dem eine adlige Oberschicht vom Herrscher mit Grundbesitz sowie politischen und gesellschaftlichen Vorrechten ausgestattet wird.
Der Feudalismus in Europa ist durch das Lehnswesen des Mittelalters und der frühen Neuzeit geprägt.

Im 9. Jahrhundert noch gab es sehr viele Unfreie. Das waren Menschen, die als Kriegsgefangene, Sklaven oder durch Schuldknechtschaft (sie hatten ihre Schulden nicht mehr bezahlen können) Eigentum ihrer Herren wurden. Sie waren völlig ohne Rechte.

Im Laufe der Zeit wurden vor allem durch die Verbesserung der landwirtschaftlichen Produktion immer weniger Unfreie gebraucht. Darum gab der Feudalherr den Unfreien ein Stück Land und ließt diese für sich Frondienste leisten und kassierte von ihnen die Abgaben.

Unterdrückt: Hörige und Leibeigene

„He, Bauer, du bist mit deinem Zehnten in Verzug. Spute dich und gib raus, was des Herrn ist!“ Der Beauftragte des Grundherrn war ungehalten. Er wollte seinen Herrn nicht enttäuschen und das Geld möglichst schnell und reibungslos bei den Bauern eintreiben. „Herr, du weißt doch selber, dass uns der Sturm vor drei Wochen die halbe Ernte zerstört hat und wir …“ „Papperlapapp, rede nicht. Du zahlst. Der Sturm interessiert mich nicht. Morgen lieferst du ab, sonst … .“ „Aber Herr, ich habe eine Frau und fünf Kinder und mein Bruder und die Alten leben auch noch auf meinem Hof. Wie soll ich meine Familie durch den Winter bringen? Wir verhungern und … .“ „Jetzt reicht's! Schluss mit deinem Weibergewäsch, hör' auf zu jammern und arbeite lieber. Morgen lieferst du!“ Er gab seinen zwei Begleitern ein kurzes Zeichen und schon jagten sie auf ihren Pferden davon. Als das Geklapper der Hufe in der Ferne verhallt war, standen der Bauer und seine Familie immer noch wie angewurzelt da. Wie sollte es weitergehen?

Abgaben und Leistungen der hörigen Bauern:

Jährliche Abgaben:

- **Feldzehnt (Getreide, Garten- und Baumfrüchte, Wein)**
- **Grundzins: Abgabe nach der Größe des Landes**
- **Kopfsteuer: Abgabe nach der Anzahl der Familienmitglieder**
- **Blutzehnt: Haustiere und tierische Erzeugnisse (Milch, Eier, Butter, Honig, Wolle, Felle, Wachs)**
- **Abgaben zu bestimmten Festtagen**

Besondere Abgaben:

- **Abgabe beim Todesfall des Bauern („Besthaupt“ = bestes Stück Vieh und „Bestgewand“ = bestes Kleidungsstück)**
- **Abgabe für die Heiratserlaubnis**
- **Besondere Umlagen im Kriegsfall u. Ä.**

Frondienste:

- **Arbeit auf dem Herrenhof – bis zu vier Tage in der Woche**
- **Sonderarbeit zur Saat- und Erntezeit**
- **Bereitstellung von Arbeitskräften und Gespannen, z. B. beim Holzschlag, beim Wege- und Brückenbau**

Aufgaben

1. **Besprecht die obige Szene in der Klasse oder in einer Arbeitsgruppe!**
2. **Wie beurteilt ihr das Verhalten des Beauftragen des Grundherrn?**
3. **Wie verhält sich der Bauer? Warum hat er sich nicht gewehrt?**
4. **Stellt die Szene in einem Rollenspiel dar! Führt die Szene fort!**
5. **Zeichnet die Szene (eventuell mit Sprechblasen)!**

Unterdrückt: Hörige und Leibeigene

Die Feudalbauern wurden von den Feudalherren durch die Abgaben und Frondienste ausgebeutet. Um die Bauern noch mehr ausbeuten zu können, bildeten sie aus ihren Länderein Fronhofverbände. Hierzu gehörten der Fronhof selbst und die Bauernwirtschaften der Feudalbauern. Mehrere Fronhofverbände eines Feudalherrn nannte man feudale Grundherrschaft.

Den Mittelpunkt eines Fronhofverbandes stellte der Fronhof dar. Er wurde vom Feudalherrn selbst oder von einem Beauftragten, einem Meier oder Vogt, verwaltet. Dieser teilte den Feudalbauern ihre Fronarbeit zu, kontrollierte die vollständige und pünktliche Ablieferung der Abgaben der Bauern und leitete die Arbeit der Unfreien auf dem Hofe. Weigerte sich ein Bauer die Abgaben zu zahlen oder die Frondienste zu leisten, schickte der Grundherr oder sein Beauftragter Bewaffnete zum Bauern und ließ seine Forderungen mit Gewalt durchsetzen. Oder er setzte seine Forderungen mit Hilfe der Gerichte oder des Pfarrers durch. Dieser sollte den Bauern an seine Pflichten erinnern und ihn zum Gehorsam umstimmen. Der Grundherr herrschte unumschränkt über seine Grundherrschaft.

Bei den Feudalbauern lassen sich zwei Hauptgruppen unterscheiden:

Die Hörigen und die Leibeigenen.

Die Hörigen (sie mussten auf den Herrn hören, ihm gehorchen) hatten einen eigenen Hof. Sie leisteten ihre Abgaben wie Getreide, Gemüse, Wolle, Vieh usw. sowie den „Zehnten" (dies war der zehnte Teil ihres Ertrages, den die Bauern an die Kirche zu entrichten hatten). Hinzu kamen die Frondienste, die sie vor allem in Saat- und Erntezeiten abzuleisten hatten. Dazu gehörten die Hand- und Spanndienste, das waren Arbeiten auf dem Feld oder der Transport von Getreide, Heu und Holz.

Den kleineren Anteil bildeten die Leibeigenen. Sie waren persönlich vom Grundherrn abhängig. Er durfte sie misshandeln, verkaufen, allerdings nicht töten. Sie besaßen keinen eigenen Hof und wohnten in armseligen Hütten in der Nähe des Fronhofes. Die Leibeigenen konnten keine selbstbestimmten Arbeiten verrichten. Sie pflegten die Gärten, betreuten das Vieh und hielten die Ställe sauber, bestellten die Felder und führten Reparaturarbeiten durch. Der ganze Ertrag ihrer Arbeit ging an den Feudalherrn. Sie erhielten nur so viel, dass sie leben konnten.

Aufgaben

1. Was sind Feudalherren?
2. Welche Unterschiede zwischen den Feudalbauern gibt es?
3. Beschreibe das Leben und die Abhängigkeit der Feudalbauern!

Lösungen

Ein Tag auf dem Bauernhof

Projekt

Warst du schon einmal auf einem Bauernhof? Gerade wenn du in einer großen Stadt wohnst, hast du vielleicht noch nie einen richtigen Bauernhof gesehen. Dabei gibt es dort so viel zu entdecken und zu erleben.

Natürlich „funktioniert" heute ein Bauernhof völlig anders als dies früher im Mittelalter der Fall war. So gibt es mittlerweile viele Maschinen, die dem Bauern seine Arbeit erleichtern. Auch gibt es Mittel, so genannte Pestizide, die die Pflanzenschädlinge bekämpfen und somit den Ernteertrag erhöhen. Die Kühe werden nicht mehr mit der Hand gemolken, das Getreide nicht mehr mit der Sense geerntet. Tiere werden oft nur noch als „Ware" behandelt, mit der Geld verdient werden kann. Sie werden in engen Massenställen gehalten, meist nicht artgerecht.

An diesen wenigen Beispielen sehen wir schon, dass es auf einem Bauernhof nicht nur Erfreuliches zu entdecken gibt, sondern leider oftmals auch viel Negatives. Und hierzu gehört eben die Tierhaltung sowie die Überdüngung der Felder oder das Spritzen der Pflanzen mit Schädlingsbekämpfungsmitteln. Aber es gibt auch den ökologischen (oder biologisch genannten) Anbau.

Interessant sind alle Themen, bei denen ihr einen Vergleich zwischen früher und heute, also den Verhältnissen während des Mittelalters und unserer heutigen Zeit anstellt. In Büchern (zum Beispiel aus der öffentlichen Bücherei) oder im Archiv könnt ihr euch über die Landwirtschaft in früheren Zeiten informieren.

Über viele Themen kann man sich bei einem Besuch auf einem Bauernhof erkundigen!

Und so wäre es interessant ein eigenes Projekt „Wir besuchen einen Bauernhof" durchzuführen.

Daneben gibt es viele weitere Themenschwerpunkte, die sich mit der Landwirtschaft beschäftigen. Sie lassen sich ebenfalls als Projektarbeit, aber auch als Referat oder im „normalen" Unterricht behandeln. Hier ein paar Ideen:

- Tagesablauf eines Bauern / einer Bauernfamilie
- Die Arbeiten auf einem Bauernhof
- Tiere auf dem Bauernhof
- Elend der Tiere: Massentierhaltung
- „Und das Huhn legt jeden Tag ein Ei" – Artgerechte Hühnerhaltung
- Das Feld wird bestellt!
- Heute wird geerntet!
- Pflanzenschutz und Düngung
- Biologischer Anbau
- Von der Melkmaschine bis zum Heuwender: Technik auf dem Bauernhof
- Urlaub auf dem Bauernhof: Ferien einmal anders

usw.

Wald – wichtiger Lebensraum im Mittelalter

Im frühen Mittelalter lebten die meisten Menschen auf dem Lande. Sie waren Bauern. Die Landschaft war geprägt von Wäldern. Und inmitten der Wälder waren die Dörfer oder Einzelhöfe anzutreffen. In der damaligen Zeit waren die Böden nicht sehr fruchtbar. Zahlen belegen, dass die Ernte (bei Weizen, Gerste und Dinkel) manchmal nur um 40 % über die Aussaat hinausging. Daher waren die Menschen des frühen Mittelalters auch stets von Hungersnot bedroht. In normalen Zeiten konnte der Boden zwar die Menschen ernähren, doch bei Missernte brach gleich eine Hungersnot aus, da kaum Nahrungsmittelreserven vorhanden waren.
Meist lagen die Felder der Bauern rund um das Dorf. Der damalige Landbau war auf der Buschverbrennung aufgebaut. Das bedeutet, dass am Waldrand die Büsche verbrannt wurden, um auf diese Weise Land für den Anbau zu gewinnen. War der Boden erschöpft, gab man ihn auf. Zu den Zeiten, in denen die Felder nicht dem Landbau dienten, wurden sie als Viehweiden genutzt. In feuchten Gegenden wurden sie auch als Graswiesen zur Gewinnung von Heu als Viehfutter gebraucht.
Wie schon erwähnt, war der größte Teil des Landes mit Wald bedeckt. Insofern kam ihm gerade im frühen Mittelalter auch eine ganz besondere Bedeutung zu. So war er wichtig

- für die Ernährung:

Er war zunächst einmal Viehweide, vor allem für die Schweine. Sie, und zwar in erster Linie der Speck, bildeten einen wesentlichen Bestandteil der damaligen Ernährung. Und die Schweine selber ernährten sich damals hauptsächlich von Eicheln und Bucheckern, die sie im Wald fanden. Zum anderen war der Wald wichtig als „Lieferant" für Früchte und vor allem für den Honig, der der einzige bekannte Stoff zur Versüßung von Speisen diente. Kastanien waren in vielen Gegenden ein wichtiger Bestandteil der Ernährung.

- für die Holzgewinnung:

Der Wald lieferte den Grundstoff für Häuser, Geräte und Waffen: das Holz. Ebenso wurde Holz für die Wärmegewinnung benötigt, nämlich als Heizmittel und zur Zubereitung von warmen Speisen.

Aufgabe

Schreibe die wichtigsten Informationen aus dem Text stichwortartig in die vorbereiteten Kästchen in den Abbildungen oben!

20.000 Eichen für eine Kirche

Der Holzverbrauch im Mittelalter war enorm groß. So wurden für den Bau der Liebfrauenkirche in München im 15. Jahrhundert 20.000 Eichen geschlagen. Für ein Fachwerkhaus mit Obergeschoss und hohem Dachstuhl wurden Bäume mit einer Gesamtlänge von rund 500 Metern benötigt. Daher mussten rund 100 Bäume, allerdings nicht nur Eichen, für ein solches Wohnhaus gefällt werden. Für eine mittelalterliche Stadt von 5.000 bis 6.000 Einwohnern wurde Bauholz in einer Gesamtlänge von rund 750 Kilometern benötigt. Dabei ist das nur das Bauholz. Weiter wurde für die Möbel, aber auch für Besteck, Becher, Badezuber, Kerzenleuchter meistens Holz gebraucht. Große Mengen Holz wurden für das Heizen und für das Kochen benötigt. Und schließlich gab es zahlreiche Handwerksberufe, die ebenfalls Holz benötigten; sei es als Energiespender für Schmiedearbeiten, für den Bäcker, den Töpfer oder zum Bau von Aufbewahrungsbehältern (Fässer für Wein) oder Transportbehältnissen. Beispielsweise wurden in der Nordsee gefangene Fische in Holzbehältnissen nach Bayern oder Sauerkraut aus dem Elsaß nach Thüringen transportiert. Auch die Transportschiffe, die Kutschen, Brücken über die Flüsse und Bäche waren aus Holz gefertigt. Am meisten wurde dem Wald allerdings durch die Köhler geschadet. Ein Köhler verschwelt Holz zu Holzkohle. Man nennt diesen Arbeitsplatz des Köhlers Kohlenmeiler. Im Mittelalter wurde sehr viel Holzkohle benötigt. Vor allem die Ziegel- und Kalkbrennereien brauchten die Holzkohle. Kalk wurde zum Verputzen und Tünchen der Häuser benutzt. Sehr viel Holzkohle benötigten die Salinen, die den Salzbedarf der Menschen im Binnenland deckten. Geringe Mengen Holzkohle wurden für das Heizen kaminloser Zimmer, für Wärmepfannen, die man mit ins Bett nahm oder auch für die Schwenkfässer der Messdiener, die damit den Weihrauch heiß hielten, gebraucht. Nach Schätzungen wurde auf einem Kohlenmeiler allein in sechs Wochen ein Stück Wald in der Größe von ca. 15 Fußballfeldern vernichtet.

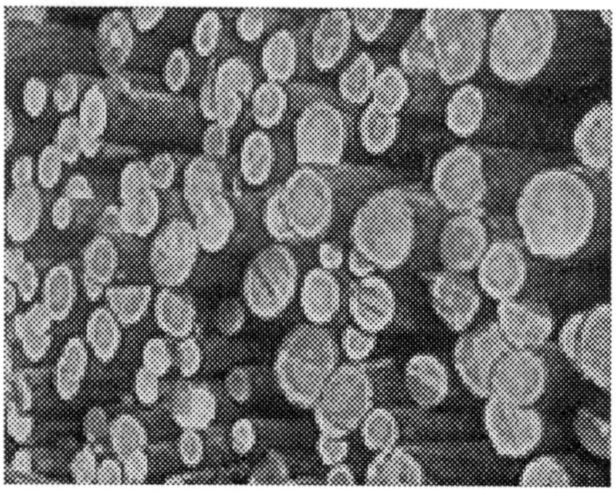

Große Mengen Holz und Holzkohle wurde in den Eisenhütten verbraucht. Obwohl die Eisenproduktion ständig anstieg, blieb es lange Zeit erstaunlich teuer. Es war so teuer, dass sich beispielsweise die Uhrmacher im Schwarzwald kein Eisen leisten konnten und deshalb das Innenleben ihrer Uhren, einschließlich der Zahnräder, aus Holz fertigten.

Im Laufe der Zeit waren durch den Raubbau die Wälder immer weiter von den Städten und Siedlungen entfernt, so dass lange Transportwege in Kauf genommen werden mussten. Waren Flüsse in der Nähe, wurden die geschlagenen Holzstämme zu Flößen zusammengebunden und auf dem Wasserwege transportiert. Ansonsten wurde das Holz auf Ochsenkarren transportiert, was sehr mühsam und zeitaufwendig war.

Allerdings wurden bereits im Mittelalter erste Waldschutzgesetze erlassen. So durfte die „Allmende“ (unbebautes Wald- oder Wiesengebiet, das von allen genutzt werden durfte) eben nicht mehr von allen genutzt werden. Knechten und Mägden, Fremden, beziehungsweise allen, die kein Bürgerrecht besaßen, wurde die Nutzung der Allmende verboten. Auch durften keine Tiere mehr in den Wald getrieben werden, weil sie die Erde durchwühlten, die jungen nachwachsenden Triebe der Bäume fraßen und so ein Nachwachsen des Waldes verhinderten. Dieses Verbot war für viele sehr hart, da sie sich bisher um die Ernährung ihres Viehs nicht kümmern mussten. Weiter wurde in einigen Städten geregelt, dass nur noch bestimmtes Holz für bestimmte Zwecke genutzt werden durfte. Zum Beispiel durfte Eichenholz nicht mehr zum Heizen benutzt werden. Im 14. Jahrhundert kam man auf den Gedanken, Haus- und Grundbesitzer zum Anpflanzen vor allem von Laubbäumen zu zwingen.

Aufgaben

1. Wofür wurde Holz im Mittelalter in erster Linie gebraucht?
2. Wozu wurde Holzkohle benötigt?
3. Welche Maßnahmen wurden zum Schutz des Waldes ergriffen?
4. Zeichne ein Bild eines Waldes, das die damalige Nutzung zeigt!
5. Informiere dich über den Zustand unseres Waldes heute, über die Ursachen des so genannten „Waldsterbens“ und die Maßnahmen zum Schutz und zur Erneuerung des Waldes!

Nahrungsmittel im Mittelalter

Hühnerragout für 4 Personen

2 Esslöffel (200 g) geröstete Weißbrotkrume
1 Brathuhn (etwa 1 – 1 1/2 kg), in Stücke geschnitten, mit der Leber
2 dl Rotwein
2 dl Rindsbrühe
2 Esslöffel Schmalz
Salz und Pfeffer
2 Esslöffel Verjus
1 Teelöffel Ingwerpulver
1 Teelöffel Zimtpulver, gestoßene Körner einer Kardamonschote

Die Hühnerleber freihacken, durch ein Sieb streichen, die Brotkrumen und den Wein dazugeben und alles fünf Minuten durchtränken lassen. Anschließend die Rindsbrühe einrühren. Schmalz in der Kasserrolle erhitzen und die Fleischstücke ringsum gut anbraten. Lebermischung mit Salz und Pfeffer abschmecken, dazugeben und zugedeckt bei etwa 180 Grad Celsius schmoren lassen. Nicht weich werden lassen. Huhn herausnehmen und warm stellen. Sauce einkochen bis sie dunkel, glänzend und sehr dick ist. Sauce vor dem Auftragen über das angerichtete Fleisch gießen.

Hauptnahrungsmittel war zwar das Getreide bzw. Brot, aber auch Hülsenfrüchte waren weit verbreitet. Von ihnen waren die Saubohne und die Erbse am beliebtesten. Dabei wurden die Hülsenfrüchte nicht wie heute im Gartenbau gezüchtet, sondern auf offenem Feld angebaut. Oft wurden sie zum Frühjahrsgetreide gezählt. Es ist auch bekannt, dass das Mehl geschälter Hülsenfrüchte manchmal bei der Brotbereitung mit dem Mehl des wirklichen Getreides vermischt worden ist.
Zu den so genannten Küchenpflanzen, Kräutern und Wurzeln, wurden auch die Kohlsorten gezählt. Eine wichtige Rolle bei der Ernährung spielte die Kohlrübe; aber auch Zwiebel, Knoblauch, Porree, Kerbel, Dill, Koriander, Gartenmohn, Pfefferkraut, Zuckerrübe und Rapunzelchen waren bekannt. Spinat und Sauerampfer wurden nicht gegessen, Blumenkohl und Tomaten waren unbekannt.
Im Mittelalter wurden zahlreiche Heilpflanzen angebaut. Hier waren es vor allem Minze, Fenchel, Bockshornklee, Bitterwurz, Kresse, Meerrettich, Zitronenkraut, Lilien, Rosen, Salbel und Raute.
Hanf und Flachs als spinnbare Faserpflanzen wurden meist im Gartenbau angepflanzt. Damals gab es nur pflanzliche Farbstoffe. Für das Gelb war es der Wau, für das Blau der Waid und für das Rot der Krapp.

Ein Rezept der Hildegard von Bingen (Bild rechts):

Wer an starker Verschleimung und stinkendem Atem leidet, soll Salbei in Wein kochen und öfter trinken. Eine Würze aus Salbei, Kerbel und Zwiebel in Essig dient gegen Appetitlosigkeit.

Projekte

Nun hast du eine ganze Menge über die Landwirtschaft und die Ernährung im Mittelalter erfahren.
Es wäre schön, wenn du dieses Wissen auch „verarbeiten“ könntest, indem du zum Beispiel versuchst, bestimmte Pflanzen, die damals verbreitet waren, anzupflanzen. Am besten erledigst du solche Aufgaben mit mehreren zusammen!

- **„Mittelalterlicher Heilkräutergarten“:**
Legt in eurem Schulgarten einen Kräutergarten nach mittelalterlichem Vorbild an. Erkundigt euch nach Rezepten und Anwendungsgebieten für die einzelnen Pflanzen.
- **„Mittelalterliches Heilkräuterbuch“:**
Stellt ein Kräuterbuch mit mittelalterlichen Rezepten zusammen. Gute Anregungen findet ihr in Büchern von Hildegard von Bingen, einer Nonne, die im 12. Jahrhundert gelebt hat und durch ihre Heilkunst besondere Beachtung fand. Als Beispiel findet ihr auf dieser Seite ein Kräuterrezept. Daneben befindet sich ein Porträt von Hildegard von Bingen.

Brot – Hauptnahrungsmittel im Mittelalter

Hauptnahrungsmittel war das Brot. Das Getreide bildete die Grundlage der Ernährung. Am meisten wurde der Weizen geschätzt, der auch am teuersten war; gefolgt von Roggen, Gerste (teilweise auch Dinkel), Hafer und Hirse.

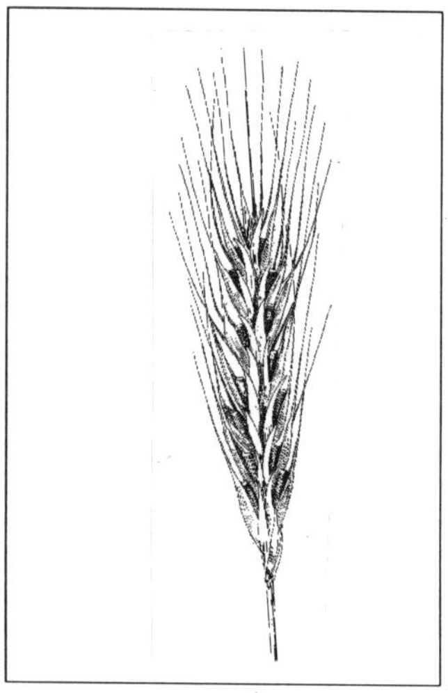

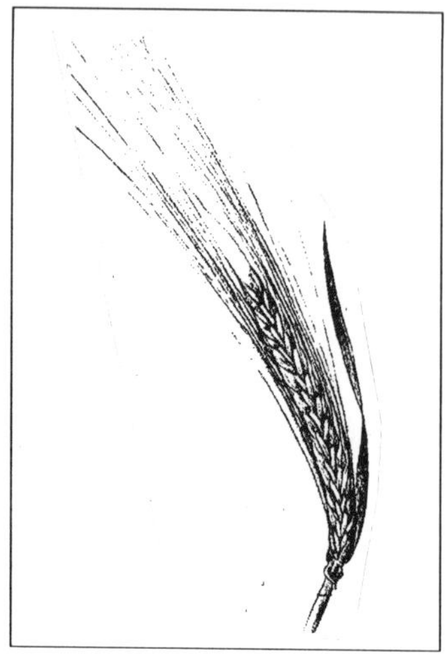

Aufgabe

Ordne (ausschneiden und aufkleben) die Namen folgender Getreidesorten den Bildern zu:

WEIZEN	ROGGEN	GERSTE	HAFER

Projekte

• „Brot backen wie im Mittelalter“:
Besorgt euch alte Brotrezepte und backt Brot danach. Vielleicht kann euch auch ein Bäcker aus eurer Umgebung helfen. Wenn ihr euch noch intensiver mit dem Brotbacken beschäftigen wollt, dann könnt ihr auch versuchen eine Backstelle, wie sie die Menschen im Mittelalter hatten, nachzubauen. Dazu müsst ihr euch genau erkundigen, wie diese Backstellen aussahen.

• Vom Korn zum Brot“:
Zu diesem längerfristig angelegten Projekt braucht ihr zunächst einmal eine größere freie Anbaufläche. Dann müsst ihr euch genau darüber informieren, wie der Boden vorbereitet und das Korn angepflanzt werden muss. Ebenfalls müsst ihr wissen, welche weitere Bearbeitung erfolgen muss, wie das Korn geerntet und weiterverarbeitet wird. Schließlich muss aus dem Mehl das Brot gebacken werden.

Hier ist Platz für ein Brotrezept, nach dem ihr euer Brot backt.

Vom Korn zum Brot

Aufgabe

Hier siehst du verschiedene Stationen, die auf dem Weg vom Korn zum Brot eine wichtige Rolle spielten (und spielen). Setze die Bilder in die richtige Reihenfolge (Zahlen von 1 bis 6 in die Kreise schreiben) und beschreibe kurz, welche Arbeiten jeweils verrichtet werden!

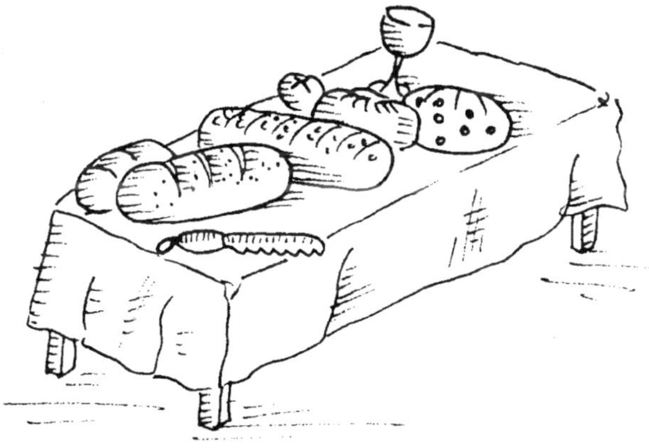

Schutz durch die Sippe

Bei Unterhaltungen in der Umgangssprache hören wir schon einmal von „der ganzen Sippschaft“ sprechen, die Weihnachten zu Besuch kommen oder die kranke Tante im Krankenhaus besuchen. In unseren Ohren klingt der Begriff „Sippschaft“ fremd, manchmal sogar etwas abwertend, auch wenn dies gar nicht so gemeint ist. Oft kennen sich die Angehörigen der Sippschaft, der Sippe, kaum noch. Einmal im Jahr sieht man sich beim Geburtstag des Großvaters oder bei der Beerdigung eines Verwandten. Zu weit wohnen die einzelnen aus der Sippe auseinander.

Im Mittelalter war dies völlig anders. Da hatte die Sippe die wichtigste Bedeutung im Leben des Einzelnen. Sie gab den Menschen Sicherheit und Halt, Vertrautheit und Geborgenheit. So kamen Verstoßung und Verbannung aus der Sippe beinahe einem Todesurteil gleich. Für unser Wort „Ausland“ benutzten die Menschen früher den Ausdruck „elilenti“. Hieraus lässt sich leicht unser heutiges Wort „Elend“ ableiten. Nur die Sippe bot Schutz vor äußeren Feinden. Sie garantierte die Pflege im Krankheitsfall, die Versorgung im Alter und die Rache für Anfeindungen und Angriffen von außen. Wer die eigene Sippe verließ, musste so schnell wie möglich Schutz in einem anderen „Verband“ suchen. Dies konnte eine andere Sippe sein (in die man zum Beispiel hineinheiratete), aber auch ein Kloster oder das Heer.

Die Sippe war ein erheblich größerer Verbund als nur die eigentliche Familie. Zur Sippe gehörten alle Blutsverwandten, aber auch die Angeheirateten, wie der Schwager und die Schwiegertochter. Ebenso zählten die Hörigen und Gesinde, bei den Handwerkern auch die Gesellen und die Lehrlinge zur Sippe. Oberhaupt der Sippe war der Hausvater. Nach dessen Tod nahm der älteste Sohn dessen Platz ein. Der Hausvater war die unumstrittene Autorität in der Sippe. Wenn es ihm richtig erschien, bestrafte er die Mitglieder der Sippe. Er hatte auch das Recht der körperlichen Züchtigung. So kam es auch schon mal vor, dass er eine faule Magd auspeitschte oder einem Knecht, der gestohlen hatte, die Nase abschnitt. Es wird von einer Frau berichtet, die wegen eines Verhältnisses mit einem Priester auf Befehl des Familienoberhauptes von der eigenen Sippe verbrannt worden ist.

Auch nach außen hin wurde der enge Sippenzusammenhalt demonstriert. So wurden Haus und Hof mit einem Zaun umgeben. Dies hatte nicht den Sinn Diebe und andere Verbrecher abzuhalten. Vielmehr sollte durch diese „Umfriedung“ deutlich gemacht werden, dass innerhalb dieser deutlichen Abgrenzung gegenüber dem Nachbarn und der „Öffentlichkeit“ der Familienfriede herrscht.

Aufgaben

Schreibe auf die Rückseite dieses Blattes oder in dein Heft!

1. Beschreibe die Bedeutung der Sippe im Mittelalter!

2. Welche Aufgaben hatte der Hausvater als Familienoberhaupt?

3. Vergleiche die Sippe damals mit unseren Familien heute!

4. Vergleiche die Aufgaben und die Stellung des Hausvaters früher mit denen der Eltern in der heutigen Zeit!

5. Klebe in den Kasten Bilder von deiner Familie! Oder male ein Bild von deiner Familie hinein!

Liebesheirat?

- „Ich heirate nur aus Liebe!“
- „An Liebe auf den ersten Blick glaube ich nicht. Ich muss meinen Partner erst richtig kennen lernen, bevor ich ihn heiraten würde.“
- „Ehe als Versorgungseinrichtung – nichts für mich!“
- „Meinen Eltern passt mein Freund nicht. Aber das ist mir egal. Ich muss schließlich mit ihm zurechtkommen.“
- „Warum soll ich heiraten? Ich kann doch auch so mit meinem Partner zusammenleben.“

Aufgaben

1. Es ist nicht schwer zu erraten, dass diese Aussagen von jungen Leuten in der heutigen Zeit gemacht worden sind. Wahrscheinlich denkst du bei einigen Aussagen ähnlich! Aber wie dachten die Menschen im Mittelalter über diese Fragen? Was glaubst du? Schreibe deine Vermutungen auf!
2. Suche in den Tageszeitungen nach „Kontaktanzeigen“ (mit solchen Anzeigen suchen Menschen einen Lebenspartner / Ehepartner / Freizeitpartner o. Ä.)! Schau’ dir an, welche Wünsche und Erwartungen an einen zukünftigen Partner gestellt werden. Wie wird die eigene Person beschrieben?
3. Klebe in den unten stehenden Kasten ein Foto oder male ein Bild von Jungvermählten (oder Verliebten)! Es wäre schön, wenn du dieses Bild mit einem treffenden Titel versehen würdest!

Im Mittelalter hatten Liebe, Heirat und Ehe eine andere Bedeutung als dies heute der Fall ist. Für den Vater der Braut war es wichtig, dass seine Tochter unter die Haube kam. Eine Mitgift musste er auf jeden Fall mitgeben. Manchmal war es gar nicht so einfach einen Ehepartner für die Tochter zu finden. Hatte man einen geeigneten gefunden und war dieser (und seine Eltern) nicht abgeneigt, so wurde geheiratet. Ob dies der Tochter gefiel oder nicht, spielte keine Rolle. Die Liebe, so hoffte man, würde sich schon noch im Laufe der Ehe einstellen. Und wenn nicht, so war dies auch nicht so schlimm; so jedenfalls sahen es die Eltern der Heirats„willigen“. So wurde die Liebe nicht als ein natürliches Gefühl gesehen, das kaum beeinflusst und geformt werden kann. Die Ehe als Verbindung von zwei Sippen stand im Mittelalter im Vordergrund. Dabei waren die Interessen der beiden Heiratenden nicht wichtig. Es war nicht der Zweck der Ehe, aus Liebe das Leben gemeinsam zu gestalten, sondern Nachkommen zu zeugen. Für den Mann sollte die Ehe und die damit verbundene Sexualität auch ein Ventil für seine sexuellen Triebe sein. Aber auch für die Männer war eine Heirat keine Herzenssache. In manchen Gegenden erbte der älteste Sohn alles und die anderen mussten versuchen in eine möglichst wohlhabende Sippe einzuheiraten. Wurde, wie in manchen Gegenden üblich, der Besitz unter alle Söhne aufgeteilt, blieb für den Einzelnen nicht sehr viel und eine Ehe konnte auch hier der Existenzsicherung dienen.

Ab dem siebten Lebensjahr sich selbst versorgen!

Mitte des 15. Jahrhunderts wurde in einer Aufzeichnung von Gewohnheitsrechten festgehalten, dass ein Kind ab seinem siebten Lebensjahr seinen Lebensunterhalt selbst verdienen könnte. Das siebte Lebensjahr stellte für die Kinder im Mittelalter einen deutlichen Bruch dar. Die eigentliche Kindheit war beendet. Das Kind begann entweder eine Schulausbildung oder – was meistens der Fall war – trat ins Arbeitsleben ein. Mit dem siebten Lebensjahr endete zum Beispiel auch die Unterhaltspflicht von Findel- und Waisenhäusern. Demnach mussten auch Waisenkinder für ihren Lebensunterhalt selbst sorgen. Besonders auf dem Lande war es so, dass die Kinder schon frühzeitig mitarbeiten mussten. Sie hüteten das Vieh und arbeiteten auf dem Hof. Lernen und Spielen kamen dagegen sehr zu kurz. Aber auch für die Kinder in der Stadt endete mit dem siebten Lebensjahr die Kindheit. Die Jungen begannen eine Lehre bei einem Handwerker oder Kaufmann, die Mädchen wurden verstärkt zur Hausarbeit herangezogen oder in eine Dienststelle als Hausmädchen gegeben. Für viele Familien war es aus finanziellen Gründen unbedingt notwendig, dass die Kinder mitarbeiteten, somit Geld verdienten und für den Unterhalt der Familie sorgen konnten. Nur so konnten viele Familien überhaupt überleben. Doch es gab einen deutlichen Unterschied zu den Kindern aus den höheren Schichten. Sie durften eine viel längere Zeit lernen und spielen. Auch damals gab es bereits Spielzeug für die Kinder. So spielten sie mit Ritter- und Pferdefiguren aus Zinn, Bronze oder Ton, mit Tonpuppen, Bällen oder Murmeln. Versteck- und Fangspiele waren ebenso wie Pfänder- und Ringelspiele bekannt. Natürlich traf es nicht auf alle Kinder zu schon mit sieben Jahren für sich aufkommen zu müssen. Aber nach altenglischem Recht mit zehn, nach salischem Recht mit zwölf, spätestens aber mit 15 oder 16 Jahren wurden die mittelalterlichen Jungen und Mädchen erwachsen. Im Alter von vierzehn Jahren heirateten die meisten. Handelte es sich um eine hochgestellte Persönlichkeit, so wurde sie mit noch jüngeren Jahren verheiratet.
Überhaupt waren die Kinder im Mittelalter sexuell schon sehr früh aufgeklärt. Dies hing zum einen mit den oft beengten Wohnverhältnissen zusammen, zum anderen aber auch damit, dass sie sehr früh heirateten und Kinder zeugten. Es steht als ziemlich sicher fest, dass die Eltern ihre sexuellen Kontakte vor den Augen der Kinder kaum verheimlichten. Oftmals schlief auch die ganze Familie in einem Raum und Platz für Intimität blieb da wenig.

Aufgaben

Schreibe auf die Rückseite dieses Blattes oder in dein Heft!

1. Beschreibe das Leben der Kinder im Mittelalter! Arbeite dabei die Unterschiede zwischen den Kindern der Unterschichten und den höheren Gesellschaftsschichten heraus!
2. Vergleiche das Leben der Kinder im Mittelalter mit deinem Leben und das deiner Freunde und Klassenkameraden!
3. Mit welchem Spielzeug spielst du? Welche Spiele spielst du heute?
4. War es sinnvoll, dass die Kinder schon mit sieben Jahren für ihren eigenen Lebensunterhalt sorgen mussten? Welche Probleme und Gefahren waren damit verbunden?
5. Würde ein siebenjähriges Kind in der heutigen Zeit für seinen Lebensunterhalt aufkommen können? Worin lägen die hauptsächlichen Schwierigkeiten?
6. Klebe in den Kasten rechts ein typisches Foto von dir! Du kannst dich auch malen!

Von Mauern umgeben – Leben in einer mittelalterlichen Stadt

Bestimmt hast du schon einmal eine alte Stadt in Deutschland gesehen, die von einer dicken Mauer eingefasst ist, einer sogenannten Stadtmauer. Solche „Befestigungen“ einer Stadt stammen meist aus dem Mittelalter. Und wenn sie nicht zerstört worden sind, versucht man heute sie zu erhalten. Als lebendige Zeugen einer vergangenen Zeit werden sie bewundert.
Die mittelalterlichen Städte sahen durch die Stadtmauern oft wie eine mächtige Burg aus. Daher nannten sie die Einwohner einer Stadt auch Bürger.

Aufgaben

1. Überlege einmal, wo man im Mittelalter meistens die Städte errichtet hat! Welche Standortbedingungen sollten erfüllt sein, damit sich die Menschen zur Gründung einer Stadt entschlossen?
2. Klebe in den Kasten unten ein Foto einer mittelalterlichen Stadtmauer! Vielleicht kannst du selber eine noch erhaltene Stadtmauer fotografieren.

„Stadtluft macht frei!" – Machte Stadtluft frei?

Das Lehnswesen (siehe Seiten 7 – 9) galt nicht in der Stadt. Daher wurde ein Leibeigener ein freier Mensch, wenn er ein Jahr und einen Tag in der Stadt verbracht, sich nichts hatte zu schulden kommen lassen und seine bürgerlichen Pflichten erfüllt hatte. Das ist auch mit der Formulierung: „Stadtluft macht frei!" gemeint. Allerdings stammt dieser Ausspruch nicht aus dem Mittelalter, sondern aus einer späteren Zeit. Nicht alle Menschen, die in der Stadt lebten, besaßen auch die Bürgerrechte. Handwerksgesellen, Knechte, Mägde, Tagelöhner, Menschen, deren Tätigkeit als verwerflich oder unrein (hierzu gehörten Gaukler und Spielleute, Abdecker, aber auch Henker) angesehen wurde, erhielten nicht die Bürgerrechte.
Heute macht es für die Rechtsstellung eines Menschen keinen Unterschied, ob er auf dem Lande oder in der Stadt wohnt oder welchen Beruf er ausübt. Und so sind auch die Gründe, ob jemand lieber in der Stadt oder auf dem Lande wohnt, sehr unterschiedlich.
In den mittelalterlichen Städten gab es sehr viele Vorschriften, Gebote und Verbote. Sie schränkten das öffentliche und private Leben manchmal stark ein. Ein Blick in die alten Stadtrechte und Polizeiordnungen zeigt uns, welche zahlreichen Vorschriften das Stadtleben regelten. So gab es Bauordnungen, Vorschriften zur Trinkwasserversorgung und zur Feuerordnung, zur Tierhaltung, zur Müllabfuhr, zum Entleeren der Senk- und Jauchegruben. Auch gab es viele Vorschriften, die das Wirtschaftsleben in der Stadt regelten. Es wurde festgelegt, welche Maßnahmen gegen Betrüger, unehrliche Händler und Handwerker ergriffen werden sollten. Ebenso gab es eine Reihe von Vorschriften über die Qualität der produzierten Waren. Geregelt wurden die Kosten für Aufwand und Luxus der Bürger bei privaten Feiern, wie Taufen, Hochzeiten, Begräbnissen. Es wurde oftmals die Zahl der Teilnehmer, die Dauer der Feier, die Menge und Güte der Speisen und Getränke sowie die Zahl der Diener festgelegt. In den Polizeiordnungen waren Vorschriften enthalten, die für Ruhe und Ordnung in der Stadt sorgen sollten. Manchmal waren auch unverständliche und seltsame Bestimmungen dabei. Zum Beispiel gab es Städte, in denen es unter Strafe verboten war, mit Schneebällen zu werfen.

Umfrage

Immer mehr Menschen möchten auf dem Lande leben. Und so stieg die Zahl der „Aussteiger" aus unseren Städten und Großstädten in den letzten Jahren ständig an. Dass viele Menschen in der heutigen Zeit lieber auf dem Lande als in der Stadt leben möchten, hat sicherlich Gründe. Welche können das sein?
Führt hierzu eine Umfrage in eurer Heimatgemeinde durch! Bevor ihr loslegt, müsst ihr abklären, welche Gesichtspunkte euch besonders wichtig sind:
- **Was genau wollen wir herausbekommen, was wollen wir erfragen?**
- **Welcher Personenkreis soll befragt werden?**
- **In welcher Form soll die Umfrage durchgeführt werden: Fragebogen, Befragung mit dem Kassettenrekorder etc.?**

Über die Gestaltung eines Fragebogens muss man sich intensiv Gedanken machen: Z. B.: Wie soll der „Kopf" (hier wird Alter, Geschlecht, Beruf / Schulausbildung usw. des Befragten eingetragen) des Fragebogens aussehen? Wie viele Personen sollen befragt werden? Je mehr Leute befragt werden und je überlegter der Personenkreis ausgewählt wird, desto aussagekräftiger sind die Ergebnisse. Soll der Fragebogen von den Befragten selbst ausgefüllt werden oder schreibt ihr auf, was sie sagen?
- **Wie sollen die Umfrageergebnisse ausgewertet werden?**
- **In welcher Form sollen die Ergebnisse „veröffentlicht" werden (Reportage, Wandzeitung, Bericht, Videofilm ...)?**

Arbeiten in einer mittelalterlichen Stadt

Ein Dichter beschrieb im 13. Jahrhundert das Marktleben in einer Stadt:
„Da sind erst einmal die Kleinkrämer, die mit Esswaren handeln, die Krautbierbrauer, die Kneipenwirte und die Möbelhändler. Ganz in ihrer Nähe befinden sich die Kurzwarenhändler, sodann kommt der 'Markt des Pergaments'. Bald stolpere ich über einen Bottich, dort, wo man rohes Leder und Wolle verkauft. Und hier sind die Viehhändler, die ihre Kühe, Ochsen, Schafe und Schweine anbieten; es fehlt auch nicht an Pferdehändlern..."

Aufgabe

Auf dem Bild auf der Seite 22 ist eine typische Marktszene dargestellt. Wenn du nun den mittelalterlichen Markt mit unseren heutigen Märkten (Wochenmärkte) vergleichst, dann sind die Unterschiede schon recht groß.
Beschreibe sie (Kasten rechts)! Zeichne ein Bild mit einer typischen Marktszene heute in den leeren Kasten auf dieser Seite oder fotografiere den Markt und klebe das Foto ein!

Lösung

Marktleben

Aufgabe

Beschreibe die Tätigkeiten und nenne möglichst die Berufe, die auf dem mittelalterlichen Markt zu sehen sind! Trage in die Kreise entsprechende Nummern von 1 bis 8 ein. Benutze die Tabelle:

Nummer	Tätigkeit	Beruf

Mittelalterliche Stadtvorschriften

Aufgabe

1. Nenne Gründe, warum heute jemand lieber in der Stadt oder lieber auf dem Lande leben möchte!

Gründe für das Leben auf dem Lande:	Gründe für das Leben in der Stadt:

Lösung

Aufgabe

2. Erkundige dich (zum Beispiel im Archiv) über mittelalterliche Stadt- und Marktvorschriften in deiner Heimatstadt oder Nachbarstadt und trage sie in die Tabelle unten ein. Informiere dich über die Vorschriften heute. Trage sie ebenfalls in die Tabelle ein und vergleiche früher und heute!

Vorschriften im Mittelalter	Vorschriften heute
•	•

Lösung

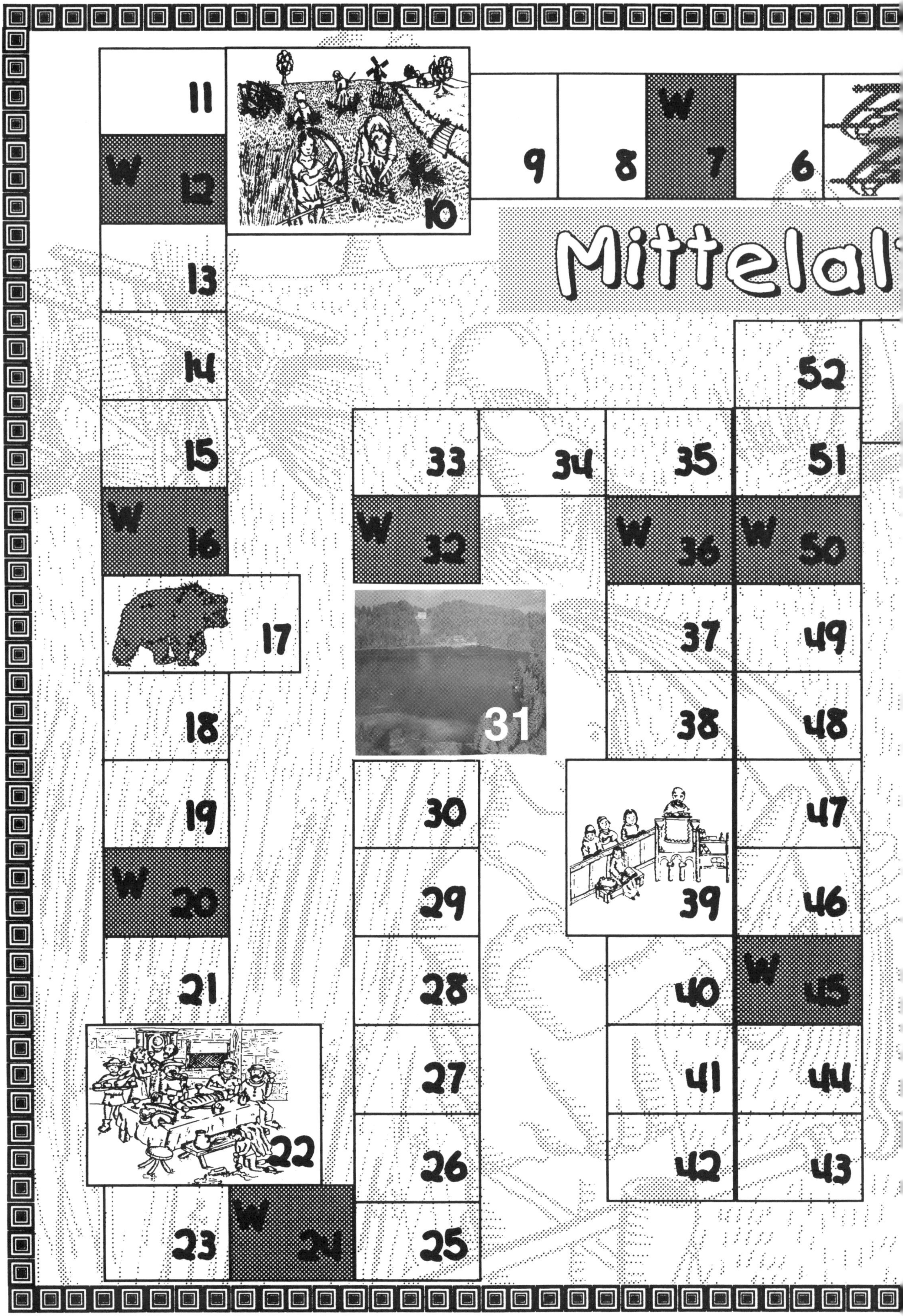

Mittelal
6
W 7
8
9
10
11
W 12
13
14
15
W 16
17
18
19
W 20
21
22
23
W 24
25
26
27
28
29
30
31
W 32
33
34
35
W 36
37
38
39
40
41
42
43
44
W 45
46
47
48
49
W 50
51
52

er-Spiel

5 4 3 2 1 START

54

55

56

57

58

59

W 60

61

62 63 64

65

W 66

67

68

69

70

71

72

73

74

75

76

77

78

79

W 80

81

82

83

W 84

85

86

87

W 88

89

90

91

92

93

Spielregeln

Das „Mittelalter-Spiel“ kann mit zwei bis acht Spielern gespielt werden.
Ziel des Spiels ist es, möglichst schnell vom Start in der Stadt bis zum Ziel (und das ist wieder die Stadt) zu gelangen. Dabei sind jedoch eine Menge Hindernisse zu überwinden, „Abenteuer“ zu bestehen und „Kämpfe“ zu bestreiten. **Gewonnen hat derjenige Spieler, der als Erster am Ziel ankommt.** Logisch! Dabei gelangt man nur dann ans Ziel, also in die Stadt, wenn man die genaue Augenzahl gewürfelt hat.
Vor Beginn des Spiels erhält jeder Spieler eine „Rollenkarte“. Dabei kann die Verteilung der Rollenkarten nach Absprache erfolgen oder ausgelost/ausgespielt werden (wer die höchste Augenzahl würfelt, beginnt mit der Wahl der Rollenkarte usw.). Auf jeder Rollenkarte steht unter dem Bild der Person der Name und der Beruf (die Tätigkeit) vermerkt. Für jede „Rolle“ ist für die verschiedenen Eigenschaften (Mut, Intelligenz, Geschicklichkeit, Kraft und Ausdauer) eine unterschiedliche Punktzahl angegeben. Ihr könnt natürlich auch andere Rollenkarten anfertigen.
Es gibt Wissenskarten. **Eine Wissenskarte muss gezogen werden, wenn ein Spieler auf ein grau markiertes Feld mit einem „W“ (steht für Wissensfrage) kommt. Auf den Ereignisfeldern (Felder mit einer Zeichnung oder einem Foto) muss eine Aktion durchgeführt werden. Die jeweiligen Aktionen sind unten auf diesem Blatt angegeben.**
Das „Mittelalter-Spiel“ ist ein Spiel, bei dem ihr an der Gestaltung selbst mitwirken müsst und dürft. So müsst ihr selber die Wissenskarten schreiben. Die Texte für die ersten 30 Wissenskarten findet ihr auf dem nächsten Blatt (Seite 27). Darüber hinaus könnt (und sollt) ihr weitere Wissenskarten schreiben.
Sie werden verdeckt neben den Spielplan gelegt.
Weiterhin ist für jeden Spieler eine Spielfigur und insgesamt mindestens ein Spielwürfel (6er-Würfel) notwendig.
Der Spieler mit dem geringsten Wert bei der Eigenschaft „Ausdauer“ beginnt das Spiel. Es wird im Uhrzeigersinn fortgesetzt. Der erste Spieler würfelt, die gewürfelte Augenzahl muss er auf dem Spielfeld setzen. Kommt ein Spieler auf ein „Wissensfeld“, muss er eine Karte vom Stapel ziehen und die Aufgabe laut vorlesen. **Hat er die Aufgabe richtig gelöst, darf er auf dem Feld stehen bleiben. Wenn er die Aufgabe nicht lösen kann, muss er drei Felder zurück.** Die Spielkarte wird wieder verdeckt unter den entsprechenden Stapel gelegt. Trifft der Spieler auf ein bereits besetztes Feld, muss er diesen Spieler zum Kampf auffordern. Stehen mehrere Spieler auf dem Feld, kann er sich den Gegner aussuchen. Der Kampf erfolgt mit Hilfe der Würfel. Der angreifende Spieler gibt an, mit welcher Eigenschaft (siehe Rollenkarte) er den Kampf führen will. Nun wird gewürfelt und zur Augenzahl auf dem Würfel wird der Wert der Eigenschaft hinzugerechnet. Die höhere Punktzahl gewinnt. Bei gleicher Punktzahl ist der Angriff gescheitert. **Der Verlierer des Kampfes muss 5 Felder zurück.**
Ein Beispiel: Der Angreifer entscheidet sich für einen Angriff mit der Eigenschaft „Mut“ (4 Punkte). Er würfelt die Zahl 3. Das sind insgesamt 7 Punkte. Der Verteidiger besitzt 2 Punkte für die Eigenschaft „Mut“ und würfelt eine 6. Das sind insgesamt 8 Punkte. Damit hat der Verteidiger den Kampf gewonnen und der Verlierer muss 5 Felder zurück.

Kommt ein Spieler auf ein Ereignisfeld, muss er – je nach Feld-Nr. – folgende „Aktionen“ durchführen:
Feld 5: Beim Überqueren eines Baches musst du über die morsche Brücke. Du bist sehr vorsichtig. **Setze einmal mit dem Würfeln aus.**
Feld 10: Du kommst an einem Getreidefeld vorbei, auf dem viele Menschen arbeiten. Du hilfst bei der Ernte. **Zum Dank darfst du fünf Felder vorrücken.**
Feld 17: Plötzlich steht dir ein mächtiger Braunbär gegenüber. Du erschrickst und läufst voller Angst zurück. **Gehe sieben Felder zurück.**
Feld 22: Du triffst auf eine Bauernhochzeit. Hier geht es hoch her. Der Alkohol fließt in Strömen. Und auch du schaust zu tief ins Metglas. **Setze solange mit dem Würfeln aus, bis alle anderen Mitspieler an dir vorbei sind.**
Feld 31: Du gelangst an einen großen See, den du überqueren musst. Alleine kannst du es nicht schaffen. **Darum warte, bis der nächste Spieler auftaucht.** Erst dann darfst du deinen Weg fortsetzen. **Wenn du der letzte Spieler bist, setze einmal mit dem Würfeln aus.**
Feld 39: Du besuchst den Unterricht in einem Kloster. Gebannt hörst du dem Lehrer zu. Dabei vergeht die Zeit sehr schnell. **Zur Belohnung für deine Aufmerksamkeit darfst du zweimal hintereinander würfeln.**
Feld 57: Ein riesiges Feuer versperrt dir den Weg. Du musst warten, bis das Feuer erloschen ist. **Setze zweimal mit dem Würfeln aus.**
Feld 75: An dem Hof eines angesehenen Ritters findet ein großes Turnier statt. Auch du nimmst daran teil – und gewinnst: **Rücke fünf Felder vor!**
Feld 86: Auf deinem Weg ist ein hoher Berg zu überwinden. **Um schneller voranzukommen, würfle zweimal.**
Feld 93: Das Stadttor ist verschlossen. Es wird von einem schwer bewaffneten Wärter bewacht. Um dennoch in die Stadt und damit an dein Ziel zu gelangen, **darfst du dreimal würfeln.** Wenn du eine „1“ würfelst, darfst du die Stadt betreten, **und du hast das Spiel gewonnen.**

Rollenkarten und Texte der Wissenskarten

Roderich
Ritter
Mut: 5
Intelligenz: 1
Geschick: 2
Kraft: 4
Ausdauer: 3

Waltraud
Kauffrau
Mut: 1
Intelligenz: 5
Geschick: 4
Kraft: 2
Ausdauer: 3

Bernardus
Mönch
Mut: 3
Intelligenz: 5
Geschick: 4
Kraft: 1
Ausdauer: 2

Mechtild
Rittersfrau
Mut: 5
Intelligenz: 1
Geschick: 2
Kraft: 4
Ausdauer: 3

Rudolf
Bauer
Mut: 2
Intelligenz: 1
Geschick: 3
Kraft: 5
Ausdauer: 4

Magdalena
Ritterstochter
Mut: 3
Intelligenz: 4
Geschick: 5
Kraft: 1
Ausdauer: 2

Kunibert
Handwerker
Mut: 3
Intelligenz: 2
Geschick: 5
Kraft: 4
Ausdauer: 1

Anna
Grundherrin
Mut: 1
Intelligenz: 4
Geschick: 5
Kraft: 2
Ausdauer: 3

Wissenskarten – Fragen (DIN-A-8)

1. Nenne zwei gesellschaftliche Gruppen des Mittelalters!
2. Nenne zwei Arbeitsgeräte des Bauern im Mittelalter!
3. Was ist unter „Feudalbauer" zu verstehen?
4. Erkläre den Begriff „Feudalismus"!
5. Die Bauern des Mittelalters mussten ihrem Feudalherrn Frondienste leisten. Was ist damit gemeint?
6. Wie nannte man die Menschen im Mittelalter, die völlig ohne Rechte waren?
7. Nenne drei übliche Abgaben, die die hörigen Bauern jährlich zu leisten hatten!
8. Für welche beiden Bereiche war der Wald im Mittelalter bedeutsam?
9. Welche Arbeiten verrichtete ein Köhler?
10. Wofür wurde im Mittelalter Holz und Holzkohle gebraucht? Nenne zwei Bereiche!
11. Von welchem Nahrungsmittel ernährten sich die Menschen im Mittelalter in erster Linie?
12. Nenne die drei wichtigsten Getreidesorten!
13. Welche Personen gehörten im Mittelalter zu einer Sippe?
14. Wer war das Oberhaupt der Sippe?
15. Aus welchem Grunde wurde im Mittelalter hauptsächlich eine Ehe eingegangen? Nenne die zwei wichtigsten Gründe!
16. Welche Menschen besaßen keine Bürgerrechte in einer Stadt?
17. Heute steht die Heilung der Kranken im Mittelpunkt des Krankenhausaufenthaltes. Was war es im Mittelalter?
18. Was war (und ist) Lepra?
19. Leprakranke wurden von der Gesellschaft abgesondert. Dies erfolgte nach einer besonderen Prozedur. Wie nannte man sie?
20. Übersetze die Grundregel Benedikts: Ora et labora!
21. Die Mönche verpflichteten sich zu einem ewigen Gelübde. Welche drei Verpflichtungen gehörten hierzu?
22. In den christlichen Klosterschulen wurde das so genannte christliche Bildungsideal betont. Was gehörte hierzu?
23. Nenne die „sieben freien Künste" bei der Unterrichtung in den Klosterschulen!
24. Mit wie viel Jahren begann die Ausbildung zum Ritter?
25. Welche besonderen Eigenschaften sollte ein Ritter haben?
26. Mit welchem Begriff bezeichnete man die Zeremonie, wenn ein Knappe zum Ritter geschlagen wurde?
27. Welchem Zweck dienten die Turniere?
28. Nenne drei Gründe, warum Frauen als Hexen verfolgt wurden!
29. Welches „Mittel" zur „Wahrheitsfindung" war bei den Hexenprozessen weit verbreitet?
30. Welche Art der Todesstrafe wurde meist gegen die als Hexen verurteilten Menschen verhängt?

Wissenskarten – Antworten (DIN-A-8)

1. Die wichtigsten gesellschaftlichen Gruppen im Mittelalter waren: Adel, Geistlichkeit, Ritter, Bauern.
2. Beetpflug und Sense.
3. Dies waren Bauern, die von ihrem Feudalherrn völlig abhängig waren. Sie waren nicht mehr Eigentümer des Landes, das sie bearbeiteten. Es gehörte dem Feudalherrn.
4. Im Feudalismus herrscht eine adlige Oberschicht, die Grundbesitz hat und mit politischen und wirtschaftlichen Vorrechten ausgestattet ist.
5. Sie mussten unentgeltlich für den Feudalherrn arbeiten.
6. Unfreie.
7. Feldzehnt, Grundzins, Kopfsteuer, Blutzehnt und Abgaben zu bestimmten Festtagen.
8. Für die Ernährung und die Holzgewinnung.
9. Ein Köhler verschwelte Holz zu Holzkohle. Dazu richtete er so genannte Meiler im Wald ein.
10. Verbrauch in Eisenhütten, zum Häuserbau, zur Wärmegewinnung und den Bau von Transportmitteln (z. B. Schiffe).
11. Getreide bzw. Brot.
12. Weizen, Roggen, Gerste. Wichtig waren auch noch Hafer und Dinkel.
13. Die Blutsverwandten und Angeheirateten, aber auch die Hörigen und das Gesinde; bei Handwerkern auch die Gesellen und Lehrlinge.
14. Der Hausvater.
15. Verbindung von zwei Sippen und die Zeugung von Nachkommen.
16. Handwerksgesellen, Knechte, Mägde, Tagelöhner, Menschen, deren Tätigkeit als verwerflich oder unrein angesehen wurde.
17. Pflege und „Aufbewahrung" der Kranken.
18. Chronisch verlaufende Infektionskrankheit. Übertragung erfolgt durch Tröpfchen- oder Schmutzinfektion.
19. Lepraschau.
20. Bete und arbeite!
21. Keuschheit, Verzicht auf persönliches Eigentum und absoluter Gehorsam gegenüber dem Abt.
22. Gottesglaube, Nächstenliebe, Barmherzigkeit, Glauben an ein Leben nach dem Tode.
23. Sprachlicher Bereich: Grammatik, Rhetorik, Dialektik. Mathematischer Bereich: Arithmetik, Geometrie, Astronomie und Musik.
24. Mit sieben Jahren.
25. Sich der Gefahr stellen und keine Angst haben.
26. Schwertleite.
27. Höfischer Zeitvertreib, aber auch Übung für den Ernstfall, für den Krieg.
28. Sie sollen 1. leichtgläubig sein, 2. leichter von Geistern beeinflusst werden können, 3. eine „schlüpfrige Zunge" haben und sich durch Hexenwerke rächen.
29. Die Folter.
30. Die Verbrennung.

Krankheit

Bauer Robert ist krank:
Seit Tagen fühlt sich der Bauer nicht wohl. Seine Glieder schmerzen, er bekommt Schweißausbrüche, hohes Fieber quält ihn ....
Robert legt sich auf das Strohlager, seine Frau macht ihm kalte Umschläge. Die ganze Familie sorgt sich um Robert. „Du musst ins Spital!", meint seine Frau. „Ins Spital, Frau, ins Spital geht man um zu sterben!", entgegnet ihr Robert.

Hospitäler waren vorwiegend für die Armen gedacht. Reiche Patienten ließen sich zu Hause versorgen.
Die Menschen starben früher an Krankheiten, die für uns heute nicht mehr problematisch und gefährlich sind. So stellten schon die Masern eine gefährliche Erkrankung dar, ganz zu schweigen von einer Blinddarmentzündung, die tödlich endete, weil eine Operation nicht durchgeführt werden konnte. Sowohl geringfügige als auch schwerwiegende Erkrankungen wurden zu Hause kuriert. Dadurch war die ganze Familie von dem Leid des Kranken, seinen Schmerzen, dem Siechtum, dem Sterben und dem Tod betroffen. Zu Hause wurden die Menschen geboren, zu Hause starben sie auch. Ein Schreiber verzeichnete in persönlichen Aufzeichnungen, die er im Jahre 1324 begonnen hatte, auf den letzten Seiten die Lebensdaten seiner Angehörigen: So hatte er zwischen seinem 25. und 30. Lebensjahr seine vier Wochen alte Tochter und seinen 58jährigen Vater verloren. Die 14jährige Tochter und ein elf Monate altes Baby starben, als er 37 war. Zehn Jahre später starben zwei Töchter im Alter von 13 und 15 Jahren. Er verlor drei über 30jährige Söhne, seine Frau, einen 54jährigen Schwiegersohn und eine 17jährige Enkelin, als er selber über sechzig war. In dieser Auflistung sind nicht die Personen enthalten, die vor seinem 25. Lebensjahr gestorben waren und auch nicht die gestorbenen Neugeborenen.

Aufgabe

1. Vergleiche das Thema Krankheit im Mittelalter und in unserer heutigen Zeit!
Erkundige dich bei Ärzten, im Krankenhaus, in deiner Familie, wie es heute ist. Erkundige dich nach Krankheits- und Todesfällen in deiner Verwandtschaft!
2. Informiere dich über die Krankheiten, die im Mittelalter am weitesten verbreitet waren!

Woran starben die Menschen im Mittelalter?

Im Mittelalter gab es viele Krankheiten, die wir heute auch kennen. Herzkrankheiten, Gelbsucht, Lungenentzündung, Asthma, Erkrankung des Magen-Darm-Traktes, Rheuma ... .
Rund 20 % aller Todesfälle damals waren Säuglinge und Kinder. Viele Menschen starben eines gewaltsamen Todes, durch Mord oder Hinrichtung, durch tödliche Unfälle, Hungersnöte oder infolge von Kriegen. Hinzu kamen Seuchen, die die Bevölkerung oft stark dezimierte. Am weitesten verbreitet waren Lepra, Pest und das Antoniusfeuer.

BVK LA 08 · Hans-Jürgen van der Gieth: Leben und Alltag im Mittelalter

Krankenhäuser früher und heute

Die Spitäler mittelalterlicher Städte waren gleichzeitig größere landwirtschaftliche Unternehmen. Sie hatten Lagerhäuser, Scheunen, Ställe, eine eigene Bäckerei und eine Mühle. Dabei erfolgte die Bewirtschaftung der erworbenen Güter nur zum Teil im Eigenbau. Viele waren Lehensgüter. Deren Abgaben kamen dem Spital zu. Im späten Mittelalter war das Spital nicht selten der größte Grundbesitzer der Stadt.

Die mittelalterlichen Spitäler lassen sich kaum mit unseren heutigen Krankenhäusern vergleichen. Sowohl die medizinische Versorgung, die Pflege, die Ernährung als auch die hygienischen Verhältnisse ließen nach unseren Maßstäben im Mittelalter sehr zu wünschen übrig. So ist von einem Spital bekannt, dass dort nur siebenmal im Jahr die Krankenstuben gekehrt und mit frischem Schilfgras ausgelegt wurden.

Während heute die Heilung der Kranken im Mittelpunkt des Krankenhausaufenthaltes steht, war dies früher die Pflege und „Aufbewahrung" der kranken Menschen. In den Spitälern lagen auch meist unheilbar Kranke und Menschen mit einer ansteckenden Krankheit. Die Behandlung erfolgte mit Kräutern, die von Mönchen zubereitet wurden. Ansonsten beschränkte sich die Behandlung auf das Beten. Ärzte im heutigen Sinne gab es damals noch nicht.

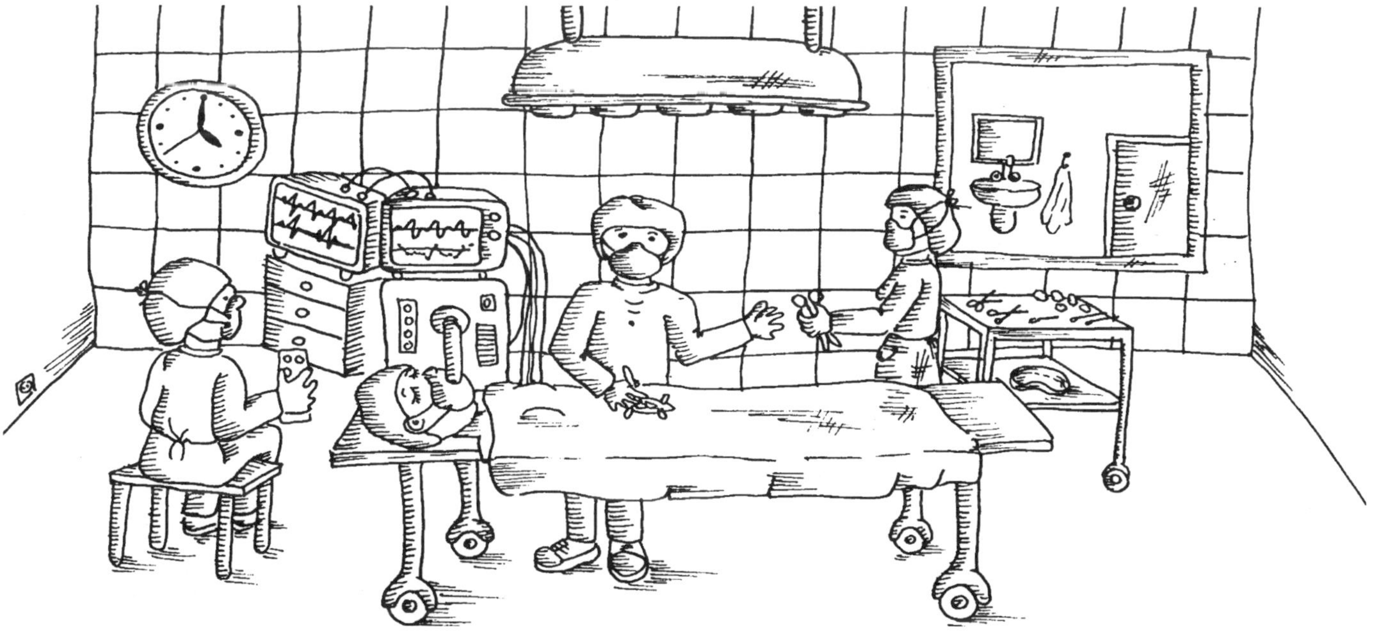

Projekt

Es ist interessant sich mit dem Thema Krankheit, Krankenheilung, Krankenpflege etwas genauer zu beschäftigen, die damalige mit der heutigen Zeit zu vergleichen.

1. Informiere dich noch genauer über Krankheit und Spitäler im Mittelalter!

2. Besuche ein Krankenhaus in deiner Nähe und informiere dich dort über seine Ausstattung, die Krankenzimmer, die Ärzte und das Pflegepersonal, die Behandlungsweisen, die Ernährung, die hygienischen Verhältnisse, die Kosten der Behandlung usw. Schreibe hierüber eine Reportage. Dabei wäre es schön, wenn du deine Reportage mit Fotos, Bildern, Zeichnungen versehen würdest. Auch wäre es interessant, wenn du bei deinen Erkundigungen betroffene Menschen (Patienten, Ärzte, Krankenschwestern usw.) befragen würdest.

Lepra – Fluch des Mittelalters

Im Mittelalter gab es keine wirkungsvolle Behandlung der Lepraerkrankung. Wurden die ersten Zeichen wie Flecken auf der Haut, Knötchenbildung und Gefühllosigkeit allmählich sichtbar, führte das aus Angst vor Ansteckung zur Aussonderung der Erkrankten aus der Gesellschaft. Meist wurden sie in Spitäler oder besondere Leprosehäuser abgeschoben. Diese Häuser befanden sich oft vor den Toren der Stadt. Die Isolation der Leprakranken wird in dem Begriff „Aussätzige“ (aussetzen, Aussatz) deutlich.
Die soziale Absonderung erfolgte auf Grund des Ergebnisses einer so genannten Lepraschau:
Bei der Lepraschau wurden alle, bei denen der Verdacht für eine Lepraerkrankung aufgetaucht war, untersucht. Wurde Lepra festgestellt, erhielt der Erkrankte einen so genannten Schaubrief. Anschließend wurde der Leprose in feierlicher und endgültiger Form von der Gemeinschaft verabschiedet und als lebend Topter in eine geschlossene Anstalt gebracht. Sie lag meist vor den Toren der Stadt und stellte eine Mischung aus Kloster, Spital und Gefängnis dar.

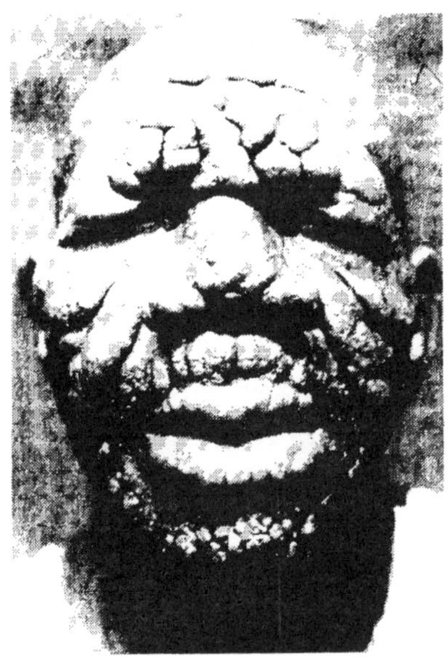

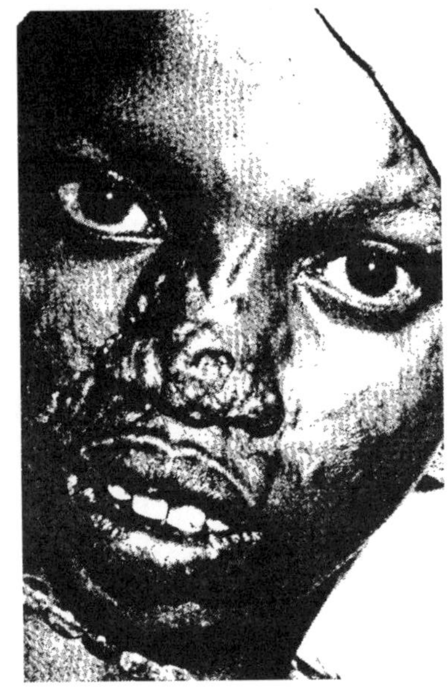

Stichwort: Lepra

Bei der Lepra („Aussatz“, „Miselsucht“) handelt es sich um eine chronisch verlaufende Infektionskrankheit. Sie wird durch ein Bakterium von Mensch zu Mensch übertragen. Diese Übertragung erfolgt durch Tröpfchen- oder Schmutzinfektion über den Nasen-Rachen-Raum. Wird die Lepra nicht behandelt, führt sie zu schrecklichen Verstümmelungen des Gesichts und der Gliedmaßen. Den Kranken steht ein langes Siechtum bevor. Erst seit wenigen Jahren ist die Lepra vollständig heilbar. Heute noch ist diese bedeutendste Weltseuche vorwiegend in der Dritten Welt (z. B. in Afrika oder in Indien) anzutreffen.

Aufgaben

1. **Wie wird Lepra übertragen?**
2. **Nenne heutige Krankheiten, die auf die gleiche Art und Weise übertragen werden?**
3. **Was war die „Lepraschau“?**
4. **Warum wird Lepra auch als „Aussatz“ bezeichnet?**
5. **Nenne Krankheiten, bei denen die betroffenen Menschen auch von der Gesellschaft ausgestoßen werden?**
6. **Informiere dich über die Lepraerkrankung heute. Erkundige dich beim Deutschen Aussätzigen Hilfswerk.**

Ora et labora – bete und arbeite: Leben im Kloster

Benedikt von Nursia gründete im Jahre 529 in Monte Cassino (in Italien) ein neues Kloster. Hierfür verfasste er eine neue Ordnung. Sie wurde die Grundlage für alle künftigen abendländischen Ordensregeln.

Die Grundregel Benedikts lautete: Ora et labora. Das heißt: Bete und arbeite. Und so war der Tagesablauf von einem Wechsel von Gebets- und Arbeitsstunden bestimmt. Durch die Arbeit sollte dem Müßiggang vorgebeugt werden. Die Arbeit sollte auch den Lebensunterhalt sichern. Die Mönche verpflichteten sich in einem ewigen Gelübde (Profess) zur Keuschheit, zum Verzicht auf persönliches Eigentum und zum absoluten Gehorsam gegenüber dem Abt. Oberstes Ziel der Mönche war die Nachfolge Christi.
In der Folgezeit wurden auch zahlreiche Frauenklöster gegründet, in denen ähnliche Regeln herrschten.

Aufgaben

1. Informiere dich mit Hilfe des Lexikons über die Person Benedikt von Nursia und fertige einen kurzen Lebenslauf an!
2. Welche anderen Orden wurden im Mittelalter gegründet? Informiere dich in eurem Geschichtsbuch oder im Lexikon!
3. Was bedeutet die Grundregel der Orden: „Bete und arbeite"?
4. Überlege, warum die Mönche keusch, arm und gehorsam sein sollten!
5. Erkundige dich in einem Kloster in deiner Nähe nach den heute geltenden Regeln. Informiere dich über den Tagesablauf dere Mönche oder Nonnen heute. Wie sichern sie ihren Lebensunterhalt?

Alltag in einem Nonnenkloster

Aus dem Alltag in einem Nonnenkloster:
Im Mittelpunkt stand nach der Grundregel „Bete und arbeite" der Wechsel zwischen Gebet und Arbeit. Jede Nonne hatte ein Amt zu verwalten sowie gemeinsame Arbeit für das Kloster und die Gemeinde zu verrichten. Zum Beispiel bestand die Hauptarbeit in der Fertigung von Textilien, die sowohl dem Eigengebrauch des Klosters dienten als auch verkauft wurden. Auch wurden Handschriften abgeschrieben und künstlerisch ausgestaltet. Die Krankenmeisterin stellte selber Medizin her und verkaufte sie auch. Ebenfalls stellten die Nonnen Brot, Kuchen, Essig, Seife, Bier und Branntwein her und verkauften diese Produkte auch. Hinzu kam die Ausbildung von Mädchen in der Klosterschule, in Männerklöstern von Jungen. Neben den Nonnen waren im Kloster noch Laienschwestern und Klausurmägde tätig.

Aufgaben

1. Welche Arbeiten wurden in dem Nonnenkloster verrichtet?
2. Beschreibe die Tätigkeit der Mönche auf der links stehenden Zeichnung!
3. Beschreibe die Mahlzeiten, Kleidung und Bestrafungen im Kloster Himmelpforten! (Text unten)
4. Bilde dir eine Meinung zu den Bestrafungsarten im Kloster Himmelpforten! War dies mit dem Gebot der Nächstenliebe vereinbar?

Über das Kloster „Himmelpforten" wird Folgendes berichtet:
„Drei Mahlzeiten wurden täglich im Kloster gehalten. Für die Konventualinnen[1] gab es zum Frühstück gekochte Milch und auf Begehren Butterbrot oder warmes Bier; Kaffee und Zucker mußten vom eigenen Geld bezahlt werden. Mittags gab es Suppe, Gemüse, zwei Fleischportionen. Abends Salat oder Gemüse, zwei Portionen Fleisch. Der gewöhnliche Trank bei Tisch war warmes Bier. Wein wurde nicht gereicht, sondern jede Konventualin empfing jährlich 7 1/2 Maß Wein in einer Menge sowie an Neujahr, Ostern, Bernhard und den Namenstagen von Äbtissin[2] und Priorin[3] je 1 Maß Wein, teils Rotwein, insgesamt also 12 1/2 Maß Wein. Während des Mittag- und Abendessens – außer Dienstag und Donnerstag – war Tischlektion, bei der sich die Konventualinnen abwechselten.
Als Kleidung trugen die Zisterzienserinnen[4]) 'wüllen hembder' (Hemden – Gewänder – aus Wolle. Anmerkung des Verfassers). Allgemein bestand die Ordenstracht auch in Himmelpforten aus dem ordensüblichen weißen Gewand mit schwarzem Gürtel sowie einem Skapulier[5] (Überwurf aus zwei Stoffbahnen. Anm. d. Verf.), das über Brust und Rücken getragen wurde, und einem Schleier. Zum Chorgebet trugen die Schwestern einen weißen Mantel.
Ausdruck strenger Ordensvorschriften war auch die Disziplin im Kloster. Täglich morgens nach der Prim[6] verkündete die Priorin im Kapitelsaal die kleineren Vergehen der Konventualinnen (z. B. Bruch des Silentiums[7], Fehlen beim Verssingen, Unterlassung der Verneigung beim Gloria Patri[8] usw.) und diktierte sogleich die Strafe zu, welche die Beklagte – ob schuldig oder nicht – ohne Widerrede verrichten mußte. ... Folgende Strafen konnten dabei ausgesprochen werden: im Refektorium[9] platt auf dem Angesicht zu liegen, im Kapitelsaal[10] allen die Füße zu küssen, mit der Katze oder auf der Erde zu essen, bei Wasser und Brot auf der Erde zu essen, im Kapitel vor allen Konventualinnen mit der Rute geschlagen zu werden." (aus: P. Leidinger: Die Abteil Himmelpforten zwischen Reformation und Säkularisation. In: HZ, 121, 1971, S. 308 ff.)

1 – Klosterangehörige; 2 – Klostervorsteherin; 3 – Ebenfalls Bezeichnung für eine Klostervorsteherin; 4 – Namen eines Ordens; 5 – Überwurf aus zwei Stoffbahnen; 6 – Gebetsstunde; 7 – Ruhestunde, Ruhezeit, Schweigezeit; 8 – Lobgesang, Teil der Messe; 9 – Speisesaal; 10 – Versammlungssaal

Klosterschulen

Karl der Große hatte schon früh erkannt, dass für eine ausreichende Bildung eine feste Schulorganisation notwendig war. Gute Voraussetzungen hierfür bildeten die Klöster. So entstanden in verschiedenen Klöstern Klosterschulen; zum Beispiel in Fulda, Reichenau, Lyon, St. Gallen. In den christlichen Klosterschulen wurde natürlich das christliche Bildungsideal betont, das heißt Gottesglaube, Nächstenliebe, Barmherzigkeit, Glaube an ein Leben nach dem Tode usw. Die Theologie (Religionswissenschaft) war demnach die oberste aller Wissenschaften.
Eine Breitenwirkung erzielten die Klosterschulen nicht nur durch die Unterrichtung von zukünftigen Priestern und Patern, sondern vor allem durch die Unterrichtung von Kindern.
Für Mädchen gab es Nonnenklöster. Neben dem Unterricht in Latein, Trivium und Quadrivium (siehe hierzu unten mehr) mussten sie zusätzlich Spinnen, Nähen, Weben und Stricken lernen. In Tauberbischofsheim wurde sogar ein Frauenkloster gegründet, das als Ausbildungsstätte für Lehrerinnen diente.
Nach der Reformation durch Martin Luther entstanden in protestantischen Städten „Lateinschulen". Meistens nahmen sie entweder nur Jungen oder nur Mädchen auf. Als Antwort auf die protestantischen Lateinschulen gründeten die Katholiken die Kollgien der Jesuiten (Schule des katholischen Jesuitenordens). Sie durften nur von Jungen besucht werden. Es spielte allerdings keine Rolle, ob jemand arm oder reich war. Entscheidend waren Intelligenz und Leistungswille. Die Jesuitenschulen waren wegen ihrer Strenge bekannt.
Am Ende eines Schuljahres musste der Schüler eine Prüfung bestehen, um im kommenden Jahr die Schule weiter besuchen zu dürfen. Schon damals gab es sechs Noten: optimi (bestens), boni (gut), mediocres (mittelmäßig), dubii (zweifelhaft), retinendi (sitzenbleiben) und reiiciendi (ganz zu entfernen). Der Beste einer Klasse, der Primus, erhielt am Ende des Schuljahres einen Preis.
Die Jesuiten hatten reiche Förderer. Das Einkommen der anderen Lehrer dagegen war sehr niedrig. So mussten sie nicht selten noch einer Nebenbeschäftigung, zum Beispiel als Küster oder Totengräber oder auch als Frisör, nachgehen. Manche Kinder aus reichen Familien nutzten die finanzielle Notlage ihrer Lehrer aus, indem sie sich von ihnen freie Tage erkauften. Es ist nicht verwunderlich, dass kaum jemand den Beruf des Schulmeisters ausüben wollte.

Die Unterrichtung in den Klosterschulen erfolgte in den so genannten „sieben freien Künsten". Diese sieben Fächer standen seit der Antike fest. Sie gliederten sich in einen sprachlichen (Grammatik, Rhetorik und Dialektik) und einen mathematischen (Arithmetik, Geometrie, Astronomie und Musik) Bereich. Man nannte die sprachlichen Fächer auch „drei Wege" (= Trivium) und die mathematischen „vier Wege" (= Quadrivium). Die mathematischen Fächer wurden als sehr viel schwieriger als die sprachlichen eingestuft. Übrigens bezeichnet man noch heute wenig Anspruchsvolles, Einfaches, zum Beispiel in der Literatur, als „trivial" („Trivialliteratur" – einfache, nicht anspruchsvolle Literatur).

Aufgaben

1. Wie lässt sich das christliche Bildungsideal beschreiben?
2. Beschreibe die schulische Ausbildung der Kinder früher!
3. Was ist unter den „sieben freien Künsten" zu verstehen?
4. Ordne diese sieben Fächer unseren heutigen Fächern zu!

Alltag in einer Klosterschule

Gespräch zwischen Lehrer und Schüler:

„Lehrer: Du, Knabe, was hast du heut alles gethan?
Schüler: Viel. Nach, als ich das Zeichen hörte, stand ich vom Bette auf, ging in die Kirche und sang die Nokturn mit den Brüdern. Dann sagen wir das officium de omnibus sanctis und die Matutin (laudes)[1]. Später die Prim[2] und die sieben Psalmen mit den Litaneien und die erste Messe. Dann sangen wir die Terz[3] und feierten die erste Messe vom Tage. Nachher sangen wir die Sept[4], darauf aßen, tranken und schliefen wir und standen wieder auf, um die Non[5] zu singen. Und jetzt sind wir hier, bei dir, gespannt darauf, was du uns sagen wirst.
Lehrer: Wann werdet ihr die Vesper[6] singen und das Kompletorium[7]?
Schüler: Wann es Zeit ist.
Lehrer: Hast du heute Schläge bekommen?
Schüler: Nein, denn ich war sehr aufmerksam gewesen.
Lehrer: Nun, wie war es dann mit deinen Kameraden?
Schüler: Was frägst du mich darüber? Ich darf nicht aus der Schule schwätzen. Ein jeder weiß es, ob er Schläge erhielt oder keine.
Lehrer: Was ißt du täglich?
Schüler: Ich esse noch Fleisch, weil ich ein Knabe bin, der unter der Rute steht.
Lehrer: Was ißt du außerdem?
Schüler: Gemüse, Eier, Fische, Käse, Butter, Bohnen und überhaupt alles Reine mit Danksagung.
Lehrer: Du bist sehr gefräßig, wenn du alles verspeist, was man dir vorsetzt.

1 – Lobgesänge; 2 – Gebetsstunde; 3 – Stundengebet um 9 Uhr; 4 –siebte Stunde (12.-13 Uhr) ; 5 – neunte Stunde (14-15 Uhr; 6 –Abendgottesdienst (16.30 Uhr) ; 7 – Nachtgebet (18-19 Uhr)

Schüler: Nein, so gierig bin ich nicht, daß ich alle Arten von Speisen bei einer Mahlzeit essen würde.
Lehrer: Wie dann?
Schüler: Einmal esse ich von der einen Speise, ein anderesmal von einer anderen, immer mit Mäßigkeit, wie es sich für einen Mönch geziemt, nie mit Gier; denn ich bin kein Schlemmer.
Lehrer: Und was trinkst du?
Schüler: Bier, wenn ich es habe, und Wasser, wenn ich keine Bier habe.
Lehrer: Trinkst du nicht Wein?
Schüler: Ich bin nicht so reich, daß ich mir Wein kaufen kann ...
Lehrer: Wer weckt dich...?
Schüler: Bald höre ich das Zeichen selbst und stehe auf, bald weckt mich der Lehrer unsaft mit der Rute.
Lehrer: Oh vortreffliche Knaben und liebenswürdige Schüler, an euch richtet euer Lehrmeister die Mahnung, daß ihr euch füget den heiligen Regeln der Zucht und überall ein wohl anständiges Benehmen bewahrt. Säumet nie, wenn ihr den Ruf der Kirchenglocken vernehmet, tretet hineine ins Oratorium[8] und verbeugt euch tief vor den segenspendenen Alltären, behaltet die Plätze, die euch angewiesen sind, singet einmütig zusammen und gehet dann, ohne Possen[9] zu treiben, zurück in die Schule."
(nach: F. Specht: Geschichte des Unterrichtswesens in Deutschland, Stuttgart, 1885, S. 170 f.)

8 – Betraum; 9 – komische Späße

Aufgaben

1. **Beschreibe den Tagesablauf und die Essgewohnheiten des Schülers!**
2. **Welche Verhaltensregeln musste der Schüler beachten?**
3. **Vergleiche das Leben des damaligen Klosterschülers mit deinem!**
4. **Welche Regeln und Bestimmungen spielten im Leben des Klosterschülers die wichtigste Rolle?**

Was weißt du über Ritter?

Aufgaben

1. Bestimmt hast du schon einmal etwas von Rittern gehört, hast ein Buch über sie gelesen oder einen „Ritterfilm" gesehen. Was weißt du über Ritter? Schreibe dein „Wissen" stichwortartig in den nebenstehenden Kasten!
2. Kennst du mittelalterliche Burgen? Wo befinden sie sich? Beschreibe sie!
Wenn du möchtest, kannst du auch eine Burg zeichnen oder ein Foto einkleben (Kasten unten)!

Das ist Ritter Roderich, von dem auf der Seite 35 noch einiges mehr zu lesen ist!

Lösungen

Vom „höfischen Benehmen“

Während der Kriege des Mittelalters stiegen die Ritter zu einem besonderen Stand auf. Sie hatten ihrem Herrn ursprünglich als Reiterkrieger gedient und als Lohn für ihre Dienste ein Lehen (Grundbesitz) bekommen, auf dem sie nun über die dortigen Bauern herrschten. Im Laufe der Zeit wurden die Lehen ihr erbliches Eigentum. Und so kam es auch, dass die Ritter immer reicher wurden, zu mehr Ansehen und Einfluss kamen. Sie schufen sich eigene Gesetze und Regeln. Sie wollten sich vor allem gegen die unteren Gesellschaftsschichten abgrenzen. So konnte nur derjenige in den Ritterstand erhoben werden, der von ritterlichen Eltern abstammte. Wer als Sohn einer Ritterfamilie ebenfalls Ritter werden wollte, musste eine strenge Ausbildung durchlaufen. Bereits mit sieben Jahren kam er auf eine fremde Burg um dort „höfisches Benehmen“ zu lernen. Später wurde er in die Waffenkunst, das Fechten und Reiten eingeführt.

Regeln für „höfisches Benehmen“

1. Kein Edelmann soll mit einem andern zusammen von einem Löffel essen.
2. Beim Essen rülpst man nicht und schneuzt auch nicht in das Taschentuch.
3. Wer mit dem Löffel seine Speisen nicht aufnehmen kann, der schiebe sie nicht mit den Fingern darauf.
4. Auch ziemt es nicht, sich während des Essens über die Schüssel zu legen und dabei wie ein Schwein zu schnaufen und zu schmatzen.
5. Beim Essen kratzt man nicht mit bloßer Hand, wenn es etwa an der Kehle juckt. Kann man es aber nicht vermeiden, so kratzt man besser mit seinem Gewand.
6. Es ist bäuerliche Sitte, mit angebissenem Brot wieder in die Schüssel einzutunken.
7. Auch den Knochen, den man abgenagt hat, legt man nicht in die Schüssel zurück.
8. Wer gerade Essen im Mund hat, der trinke nicht wie ein Vieh.
9. Man stochere nicht mit dem Messer in den Zähnen herum.
10. Man soll auch nicht gleichzeitig reden und essen wollen.

Aufgaben

1. Warum, glaubst du, wollten sich die Ritter gegen die unter ihnen stehenden Gesellschaftsschichten abgrenzen?
2. Welche Aufgabe hatten die Ritter im Mittelalter?
3. In welchem Alter begann für die Rittersöhne die Ausbildung zum Ritter und warum geschah dies schon mit so jungen Jahren?
4. Könntest du dir vorstellen, schon im Grundschulalter eine solche Ausbildung machen zu müssen? Was würde dir daran nicht gefallen? Und was könnte dir eventuell daran zusagen?
5. In dem Kasten oben sind die zehn wichtigsten Regeln für „höfisches Benehmen“ aufgeführt. Unterstreiche alle die Wörter (meistens Verben), die das erwartete höfische Benehmen beschreiben!
6. Gibt es heute auch noch Regeln, die zum Beispiel beim Essen zu beachten sind? Nenne sie!

Konrad, der Knappe

„... Mein Gott, das waren ja erst die ersten sieben Jahre auf dieser Burg", dachte Konrad. Es war allerdings ein schönes Gefühl, als nach den Pagenjahren die Zeit des Knappendaseins begann. Er hatte schon einiges gelernt, jetzt war er nicht mehr der kleine Konrad. Ab seinem 14. Lebensjahr durfte er mit seinem Herrn auf die Jagd gehen. Er lernte reiten, fechten, den Umgang mit Lanze und Schwert. Schwer fiel es ihm, als er das erste Mal hungern musste und im Freien schlafen sollte. Die Kälte der Nacht machte ihm sehr zu schaffen. Eine leichte Decke und ein selbstgemachtes Feuer brachten etwas Wärme. Er war ganz allein im Wald und hörte noch spät abends die Geräusche des Windes und das Rascheln der Bäume. Ihm war die Gefahr sehr wohl bewusst. Doch fürchten durfte er sich nicht, er war doch jetzt ein Knappe, der später einmal Ritter werden sollte. Erst spät in der Nacht schlief er ein. Morgens wachte er mit knurrendem Magen auf. Nichts hatte er aus der Küche mitnehmen dürfen, nur mit den Beeren des Waldes und dem Wasser aus dem Bach konnte er seinen Hunger und Durst stillen. Die Worte seines Lehrmeisters waren ihm noch im Ohr: „Wer ein richtiger Ritter werden will, der muss sich jeder Gefahr stellen und darf seine Angst niemals zeigen." Sein eigener Vater diente ihm zum Ansporn und nach der Devise „Was der kann, kann ich auch!" überwand er seine Angst.

Wunderschön dagegen war das erste Ritterturnier, auf das er seinen Herrn begleiten durfte. Er sorgte für das Pferd, striegelte und zäumte es, putzte das Schild des Herrn, legte ihm die 50 Kilogramm schwere Rüstung an und ging ihm zur Hand, wo er nur konnte. Er führte das Pferd herbei, half dem Lehrmeister hinauf und brachte beide zum Tjoste, dem Wettbewerb Ritter gegen Ritter mit der Lanze. Ein Herold verkündete die Teilnehmer und rühmte öffentlich deren einzelne Verdienste. Konrad war stolz auf seinen Herrn, denn er war sehr berühmt durch unzählige Turniersiege. Es ging los. Jeder versuchte, die Lanze des anderen zu brechen oder ihn aus dem Sattel zu stoßen. Konrads Aufgabe bestand nun darin seinen Herrn so schnell wie möglich nach jeder Attacke zurechtzusetzen, denn sonst hätte der Gegner ihn leicht besiegen können. Konrad war stolz, als am Ende des Tages sein Burgherr als Sieger vom Platz ging. Denn schließlich war er durch seine Mithilfe am Erfolg beteiligt.
(aus: Gisa Kirstein: Historischer Längsschnitt „Kinder in ihrer Zeit", Kempen 1998, S. 48)

Aufgaben

1. Welche besonderen Eigenschaften sollte ein Ritter haben?
2. Wenn du heute Ritter werden könntest, welche Fähigkeiten und Voraussetzungen müsstest du mitbringen?
3. Schreibe eine Zeitungsanzeige: „Ritter gesucht"! Sie ist für interessierte Personen gedacht, die – wenn es ihn gäbe – den Beruf des Ritters anstreben!

Projekt

Forsche einmal in deiner Umgebung nach, ob es dort früher Ritter gab! Besuche eine Burg, ein Museum, das Stadt- oder Kreisarchiv ...!
Wer hat dort wann wie gelebt? Gab es besondere Vorkommnisse? Waren diese Ritter besonders streitlustig? Haben sie an den Kreuzzügen teilgenommen? Informiere dich im Geschichtsbuch, Lexikon ... über die Kreuzzüge und berichte darüber!
Schreibe eine Reportage über deine Erkundigungen! Fotografiere fleißig, fertige selber Zeichnungen an!

Die Schwertleite

Nach einer rund vierzehnjährigen Ausbildung wurde der zwanzigjährige Knappe, das „Jungherrlein“, zum Ritter geschlagen. Dies nannte man auch Schwertleite.
Ein Ritter schildert sie so:
„So kamen sie zum Dom, hörten die Messe und empfingen den Segen. Marke trat dann zu seinem Neffen Tristan, gürtete ihn mit dem Schwert, legte ihm die Sporen an und sprach: ‘Sieh, Neffe, nun ist dein Schwert gesegnet, und du bist Ritter geworden. Nun denke an ritterliche Ehre und an das, was du bist: Deine Geburt und dein Adel seien dir vor Augen, sei demütig und ohne Falsch, wahrhaftig und wohlgezogen, sei gütig gegen die Armen und hochgesinnt gegen die Reichen. Halte dich schmuck und würdig. Ehre alle Frauen. Sei freigebig und getreu, denn nicht Gold und Zobelpelz zieren Speer und Schild so wie Treue und Freigebigkeit.’ Hiermit bot er ihm den Schild dar, küßte Tristan und sprach: ‘Nun Glück auf, Neffe! Möge dir die Kraft Gottes Heil zu deiner Ritterschaft geben!’“

Aufgaben

Schreibe auf die Rückseite oder ins Heft!

1. An das Verhalten der Ritter wurden hohe Ansprüche gestellt. Fasse sie in einer Liste zusammen. Vergleiche sie mit Anforderungen, die heute an dich gestellt werden!

2. Oftmals erfüllten die Ritter diese hohen Ansprüche nicht. Erkundige dich über das Leben und das Verhalten der Ritter im Mittelalter und berichte darüber! In der Bücherei findest du bestimmt genügend Informationsmaterial. Auch in Romanen oder in Filmen wird oftmals das Leben der Ritter anschaulich beschrieben. Doch nehmen es manche Schriftsteller und Filmemacher mit der geschichtlichen Wahrheit nicht immer so ganz genau.

Turniere: Höfischer Zeitvertreib und Übung für den Ernstfall

Erst nach der Schwertleite durfte der junge Ritter zum ersten Mal als Kämpfer an einem Turnier teilnehmen.
Meist fanden diese Turniere auf einem Feld oder einem großen Platz nahe der Burg statt. Der Turnierplatz wurde abgesteckt. Auf den Tribünen saßen die vornehmen Leute und schauten dem Treiben zu.
Zu den Turnieren erschienen die Ritter und auch ihre Pferde bunt geschmückt, auf ihrem Schild trugen sie ihr Wappen.
Nachdem ein Herold die Turniergesetze vorgelesen hatte, stürmten die Ritter auf ein Zeichen hin aufeinander los. Jeder versuchte den Gegner mit seiner Lanze aus dem Sattel zu heben. Oftmals zersplitterten die Lanzen beim Aufprall auf den gegnerischen Schild. Der Ruhm eines Ritters stieg, je mehr Gegner er aus dem Sattel stoßen konnte. Der Sieger des Turniers erhielt – meist aus der Hand einer vornehmen Dame – den Siegespreis; zum Beispiel einen goldenen Ring, eine kostbare Kette oder einen Siegerkranz. Diese Turniere waren nicht nur höfischer Zeitvertreib, sondern gleichzeitig eine Übung für den Ernstfall, für den Krieg. Auch bei den Turnieren gab es oft Verletzte und auch Tote.

Regeln für den „wahren" Ritter:

- **Kämpfe nur mit einem Gegner, der die gleichen Waffen trägt!**
- **Kämpfe Mann gegen Mann und Aug' in Aug'!**

Aufgaben

1. Welche Bedeutung hatten die Ritterturniere für die Ritter in der damaligen Zeit?
2. Gibt es heute vergleichbare Veranstaltungen? Berichte darüber!

Teufelsglaube und Hexenwahn

Im Laufe seiner Geschichte musste sich das Christentum immer wieder mit anderen Religionen, fremden Kulten, heidnischen Göttern und Zaubereien auseinander setzen. Daher ist es leicht verständlich, dass das Christentum fremde Glaubensvorstellungen als Aberglaube bezeichnete. Im Laufe der Zeit wurden die Anhänger des Aberglaubens von der christlichen Kirche verfolgt. So wurde beispielsweise die so genannte Schadenszauberei hart bestraft; teilweise sogar mit der Todesstrafe. Unter Schadenszauber verstand man Zauberei, mit der Schaden an Mensch und Tier gestiftet werden würde. Die Zauberei wurde als Unglaube, als Abfall vom christlichen Glauben angesehen. Man glaubte auch, dass der Schadenszauber nur mit Hilfe eines Paktes mit dem Teufel praktiziert werden könnte. Dies wiederum hatte zur Folge, dass die Zauberei auch als Ketzerei verdächtigt wurde. Ähnlich wurde die Hexerei betrachtet. Zur Hexerei gehörten nach damaligen Vorstellungen der Teufelspakt, die Teufelsbuhlschaft, der Hexenflug (Flug durch die Luft), der Hexensabbat (Gott wird abgeschworen und der Teufel angebetet) und der Schadenszauber. Eng zusammen mit diesen Vorstellungen von der Hexerei hingen auch Tierverwandlungen, Monstergeburten, Werwolfglaube, Wettermacherei usw. Die meisten dieser Vorstellungen sind im so genannten „Hexenhammer" aus dem Jahre 1487 niedergeschrieben worden. In diesem „Hexenhammer" ist zum Beispiel zu lesen: „Alles geschieht aus fleischlicher Begierde, die bei ihnen unersättlich ist ... Darum haben sie auch mit den Dämonen zu schaffen, um ihre Begierden zu stillen ... Es ist kein Wunder, wenn von der Ketzerei der Hexer mehr Weiber als Männer besudelt werden. Daher ist auch folgerichtig die Ketzerei nicht zu nennen die der Hexer, sondern der Hexen." Diese hier schon ausgeprägte Frauenfeindlichkeit wird später besonders auch in den Hexenprozessen deutlich, die eben meist Frauen betrafen.

Stichwort: Hexenverfolgung

Seit dem Mittelalter, insbesondere vom 14. bis 17. Jahrhundert kam es zu Hexenverfolgungen, bei denen vor allem Frauen der Hexerei beschuldigt, gefoltert und durch Verbrennen auf dem Scheiterhaufen hingerichtet wurden. In dieser Zeit fanden Zehntausende den Tod. Die Folterungen dienten dazu ein Geständnis über „Hexentaten" zu erzwingen. Dabei war es ziemlich gleichgültig, ob das Opfer gestand oder nicht: Legte es ein Geständnis ab, war es schuldig und wurde hingerichtet, legte es kein Geständnis ab, wurde dies als Zeichen für übernatürliche (teuflische) Kräfte angesehen und führte ebenfalls zur Verurteilung. Die Beklagten waren chancenlos einer Verurteilung zu entkommen.

Schadenszauber

Hexen im Mittelalter

Hexen
Sie waren über viele Jahrhunderte hindurch die einzigen Ärzte des Volkes. Nur die Höhergestellten, die Kaiser und Könige, die hohen Adligen, hatten Doktoren aus fernen Gegenden. Die einfachen Leute allerdings fragten in medizinischen Fragen die „kluge Frau" um Rat. Sie wurde als Hexe beschimpft, wenn sie nicht helfen, nicht „heilen" konnte. Meist aber hatte man Respekt und auch Furcht vor ihr. So wurde sie „gute Frau" oder „schöne Frau" genannt.

„Wetterhexe"

Aufgaben

1. Wer wurde im Mittelalter als „Hexe" bezeichnet?
2. Welche Eigenschaften und „Fähigkeiten" schrieb Papst Innozenz VIII. den „Hexen" zu?

Entscheidend war jedoch das Eingreifen des Papstes Innozenz VIII., der Institoris und Sprenger als Inquisitoren in Oberdeutschland bestätigte und ihr mörderisches Vorgehen durch die berüchtigte 'Hexenbulle' vom 5. 12. 1484 sehr ausführlich guthieß. Innozenz, der den Ruf eines ungebildeten, nur an Frauen, Geld und Wein interessierten Wüstlings hatte, ließ in dieser Bulle unter anderem verkünden: 'Uns ist neuerdings zu unserem Leidwesen zu Ohren gekommen, daß in einigen Teilen Oberdeutschlands, so auch in den Erzbistümern Mainz, Trier, Köln und Salzburg, Städten, Ländern, Orten und Bistümern, sehr viele Personen beiderlei Geschlechts, ihrer eigenen Seligkeit vergessend und vom katholischen Glauben abfallend, mit Teufeln, die sich als Inkubi und Sukkubi mit ihnen vermischen, Mißbrauch treiben und mit ihren Verzauberungen, Liedern und Beschwörungen sowie anderen abscheulichen abergläubigen Handlungen, zauberischen Vergehen, Lastern und Verbrechen die Geburten der Weiber, die Jungen der Tiere, die Feldfrüchte, das Obst und die Weintrauben, wie auch Männer, Frauen, Tiere und Vieh aller Art, ferner die Weinberge, Obstgärten, Wiesen, Weiden, das Getreide und andere Erzeugnisse des Bodens verderben, ersticken und umkommen lassen und selbst die Menschen, Männer und Frauen und aller Art Vieh mit grausamen, sowohl innerlichen als äußerlichen Schmerzen und Plagen belegen und peinigen und die Männer hindern zu zeugen, die Frauen zu gebären, und die Männer, daß sie den Frauen, und die Frauen, daß sie den Männern die ehelichen Pflichten leisten können; außerdem, daß sie den Glauben selbst, welchen sie beim Empfang der heiligen Taufe angenommen, mit eidbrüchigem Munde verleugnen und andere überaus viele Leichtfertigkeiten, Sünden und Laster durch Anstiftung des Feindes des menschlichen Geschlechtes zu begehen und zu vollbringen sich nicht fürchten, zur Gefahr ihrer Seelen, zur Beleidigung der göttlichen Majestät und zu sehr vieler Leute Ärgernis und schädlichem Beispiel.'" (aus: Gloger / Zöllner: Teufelsglaube und Hexenwahn, München 1983, S. 83)

„Verbrechen“ der Hexen

Aus dem „Hexenhammer“ (er diente als Grundlage für Verhöre und Urteile) des Jahres 1487. Hier wird besonders die Neigung der Frauen zur Hexerei betont:
„... ohne das Geschlecht zu verachten, in welchem Gott stets Großes schuf, um Starkes zu verwirren ... Einige Gelehrte ... sagen, es gebe dreierlei in der Welt, was im Guten wie im Bösen kein Maß zu halten weiß, die Zunge, der Geistliche und das Weib, ...
Was ist das Weib anders als die Feindin der Freundschaft, eine unentrinnbare Strafe, ein notwendiges Übel, eine natürliche Versuchung, ein wünschenswertes Unglück, eine häusliche Gefahr, ein ergötzlicher Schade, ein Mangel der Natur mit schöner Farbe gemalt?...“

Im „Hexenhammer“ werden drei Gründe genannt, warum Frauen abergläubischer sein sollen als Männer:
„... der erste ist der, daß sie leichtgläubig sind ...
Der zweite Grund ist, weil sie von Natur wegen der Flüssigkeit ihres Komplexion (alte medizinische Säftelehre, zusammenfassende Bezeichnung für Augen-, Haar- und Hautfarbe eines Menschen. Anmerkung des Verfassers) leichter zu beeinflussen sind zur Aufnahme von Eingebungen durch den Eindruck gesonderter Geister ...
Der dritte Grund ist, daß ihre Zunge schlüpfrig ist, und sie das, was sie durch schlechte Kunst erfahren, ihren Genossinnen kaum verheimlichen können und sich heimlich, da sie keine Kräfte haben, leicht durch Hexenwerke zu rächen suchen: ... das Wort femina nämlich kommt von fe und minus (fe = fides, Glaube, minus = weniger, also femina = die weniger Glauben hat). (Anmerkung des Verfassers: Dies ist eine falsche Erklärung, die im „Hexenhammer“ vorgenommen worden ist. Das Wort „Femina“ bedeutet soviel wie „fruchtbar“, femina heißt ursprünglich wohl „die Säugende“.)
... Also schlecht ist das Weib von Natur, da es schneller den Glauben ableugnet, was die Grundlage für die Hexerei ist ...“

Aufgaben

1. Nenne die wichtigsten Gründe, warum Frauen als „Hexen“ verfolgt wurden!
2. Beschreibe die Darstellungen über die „Verbrechen“ der Frauen!
3. Welcher „Verbrechen“ machten sich die als Hexen verfolgten Frauen schuldig?

Eine Hexe öffnet unter Beistand des Teufels ein Weinfass und soll den Wein „verzaubern“.

Eine Hexe „verzaubert“ das Bein eines Bauern.

Hexen „verzaubern“ ein Neugeborenes.

Eine Hexe „verzaubert“ das Vieh.

Hexenprozess

„... So war die Verbreitung der Folter mit der allmählichen Entwicklung des Inquisitionsprozesses unlösbar verbunden.
Für die Tortur gab es regional unterschiedliche Methoden. Dauer und Häufigkeit waren theoretisch begrenzt. Da aber die Justizbeamten die Durchführung weitgehend dem Scharfrichter überließen und selbst wenig Interesse an der Einhaltung der gesetzlichen Vorschriften zeigten, konnte eigentlich nur der Tod des Opfers die Qualen beenden. Trat dies ein, empfanden die Verantwortlichen wenig Gewissensbisse. Es galt als sicher, daß der Teufel auch hier seine Hand im Spiele gehabt haben müsse. ...
Die 'peinliche' Befragung konnte bis zu fünf Stufen umfassen. In den beiden ersten Graden, der Schreckung oder Territion, wurde dem Opfer die Tortur nur vorgeführt. Bei vielen Frauen reichte das bereits, um sie aussagewillig zu machen. Die mildeste Strafe dabei war, daß der Scharfrichter der Hexe die Folterinstrumente zeigte und ihre Funktionsweise erläuterete. Half das nicht, wurde die Frau ausgezogen. Man legte die Daumenschrauben an, ohne jedoch die Finger zu quetschen. Auf die Territion folgte die Realfolter, bei der das in der Folterkammer, meist einem unterirdischen Raum, vorhandene Instrumentarium wirklich angewendet wurde. Die Folterwerkzeuge sind schaurige Zeugnisse des Erfindungsreichtums jener brutalen Jahrhunderte. Neben den Grundformen gab es überall örtliche Spezialitäten.

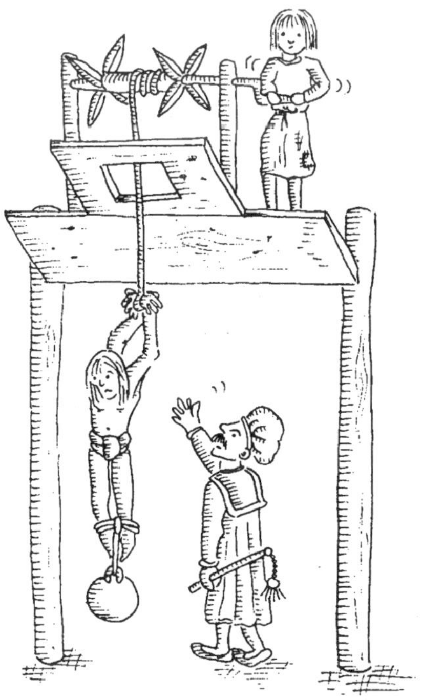

Aufgaben

1. Gegen welche Rechte des Menschen verstießen die beschriebenen Folterungen?
2. Überlege, warum diese Menschen gefoltert wurden!
3. Auch heute noch gibt es in vielen Staaten der Erde die Folter. Erkundige dich hierüber!
4. Nach Art. 16 des Grundgesetzes gewährt die Bundesrepublik Menschen, die in ihrer Heimat religiös oder politisch verfolgt werden, Asyl.
Diskutiert über diese Bestimmung!

Zunächst wurden Daumen- und Beischrauben (so genannte Spanische Stiefel) angelegt, die Daumen, Schienbein und Waden quetschten oder zerquetschten. Die nächste Stufe bildete die Streckung des Körpers durch Aufziehen mit einem Beschwerstein an den Füßen; hierbei wurden oft genug die Glieder ausgerenkt. Diese Folter konnte mit den Beinschrauben kombiniert werden. Für die hartnäckigsten Sünder (allerdings ist dieser Begriff an dieser Stelle nicht glücklich gewählt, da es sich ja um unschuldige Menschen handelte. Anmerkung des Verfassers) gab es als Höchststufe das Auspeitschen und differenzierte Brandquälereien. Zum Auspeitschen mußte sich der Delinquent auf eine spezielle Bank, den Bock, setzen, legen oder knien. Für Brandwunden bevorzugte man empfindliche Körperstellen. Eine Spitzenleistung der Foltertechnik waren heizbare, mit Dornen versehene Eisenstühle, auf denen das Opfer festgeschnall wurde. In dieser Stufe benutzte man auch werkzeuglose Methoden: Hunger, Durst, Baden in Saltzlösung und Schlafentzug.
Damit die Schreie der Unglücklichen die Nerven der Untersuchungspersonen nicht zu sehr belasteten, stopfte man den Gefolterten Knebel, nach ihrer Form Birne genannt, in den Mund. Trotzdem achteten die Anwesenden auf die Schmerzäußerungen, ob sich daraus nicht irgendwelche Zusatzbeweise ergaben. Fehlende Tränen galten immer als Indiz, denn Hexen weinen nicht, wie man wohl wußte. Auch übermäßiges Weinen erregte Verdacht, da hierbei der Teufel versuchte, seine Anhänger von den Qualen zu befreien.“ (aus: Gloger / Zöllner: Teufelsglaube und Hexenwahn, München 1983, S. 158 – 160)

Hexenverbrennungen

Häufig endeten die Hexenprozesse mit einem Todesurteil. Dabei wurden die als „Hexen" verurteilten Menschen meist auf dem Scheiterhaufen verbrannt.

So wie jede Todesstrafe war auch die Hexenverbrennung unchristlich und unmenschlich. Bei der Verbrennung litten die Opfer noch einmal besonders fürchterliche Qualen, da sie bei lebendigem Leibe verbrannt wurden.
In Deutschland ist die Todesstrafe verboten. Allerdings ist diese Art der Bestrafung in vielen Ländern der Erde, unter anderem in den USA, heute noch verbreitet.
Außerdem werden in mehr als 100 Staaten noch Menschen gefoltert. Informiere dich auch hierüber. Die Menschenrechtsorganisation „amnesty international" kämpft seit vielen Jahren gegen Folter und Todesstrafe in aller Welt. Sie legt jährlich Berichte über ihre Aktivitäten vor und informiert die Öffentlichkeit über die Machenschaften von Regierungen und Polizei in vielen Staaten der Erde.

Aufgaben

1. Informiere dich weiter über die Hexenverfolgungen im Mittelalter und bilde dir eine Meinung zu den Hexenverbrennungen: Wer hatte sie zu verantworten? Warum wurden Menschen als Hexen verfolgt?
2. Informiere dich über die Art der Todesstrafen in anderen Ländern, u. a. den USA!
3. Diskutiere mit deinen Klassenkameraden über die Todesstrafe: „Todesstrafe: ja oder nein?" Sammle Gründe für und gegen die Todesstrafe! Bilde dir eine eigene Meinung und vertrete sie in der Klasse! Bei einer Diskussion über die Todesstrafe spielen sowohl rechtliche Fragen eine Rolle als vor allem so genannte moralische: Können wir Menschen das Recht haben andere Menschen zu töten? Ist nicht auch die Todesstrafe, die vom Staat ausgesprochen wird, ein Mord? Ist die Todesstrafe mit dem christlichen Glauben (Nächstenliebe) vereinbar? Muss nicht jedem Menschen die Chance gegeben werden sich zu bessern?
Darüber hinaus können Fragen des Strafvollzugs diskutiert werden.

Projekt „Leben und Alltag im Mittelalter"

Liebe Schülerinnen und Schüler,
wäre es nicht schön, wenn ihr euer gesamtes Wissen über das Mittelalter in einer eigenen „Dokumentation" darstellen würdet? Das heißt, ihr überlegt euch genau, in welcher Form ihr eure Arbeitsergebnisse „veröffentlichen" wollt. Zum Beispiel könntet ihr eine Wandzeitung fertigen, eine „Mittelalter-Ausstellung" gestalten. Eine „Mittelalter-Zeitung" (Zeitungen gab es im Mittelalter allerdings noch nicht), angereichert mit vielen Zeichnungen, historischen Bildern, zu erstellen, wäre bestimmt eine interessante Herausforderung. Und wenn ihr eine solche Zeitung auch noch mit dem Computer anfertigen würdet … ! Oder: Ihr legt den Schwerpunkt eurer Arbeit auf die Beschäftigung mit eurem Heimatort, forscht intensiv nach, wie es dort im Mittelalter ausgesehen hat, welche Lebensbedingungen dort herrschten: Wie haben die Menschen in eurer Umgebung im Mittelalter gelebt? Hatten sie immer genug zu essen? Gab es ein Krankenhaus? Hat es vielleicht sogar eine Hexe gegeben? Lebten Ritter in eurer Umgebung? usw.! Eine Arbeit ganz anderer Art würde eine „kreative" Umsetzung eures geschichtlichen Wissens zum Beispiel in Form eines Theaterspiels oder eines Videofilms darstellen. Oder ihr schreibt spannende und unterhaltsame Geschichten aus dem Leben und Alltag im Mittelalter, erfindet Personen und Handlungen, die ihr in die mittelalterliche Zeit hineinstellt und sie Abenteuer erleben lasst. Vielleicht habt ihr auch Interesse daran, ein richtiges „Rollenspiel" (Bestimmt kennt ihr ja Spiele wie „Das schwarze Auge" und ähnliche) zu entwickeln, es herzustellen und natürlich auch zu spielen.
Ihr seht, Ideen gibt es in Hülle und Fülle! Sprecht mit eurer Lehrerin, eurem Lehrer und überlegt, was ihr tun wollt, welchen Themenschwerpunkt ihr wie bearbeiten wollt. Übrigens, wenn ihr mir über eure Aktivitäten berichten wollt, würde ich mich sehr freuen: Schreibt an den Verlag, er gibt mir eure Post weiter! Danke!

Unser „Mittelalter-Projekt"